朝日新書
Asahi Shinsho 962

始皇帝の戦争と将軍たち

秦の中華統一を支えた近臣集団

鶴間和幸

朝日新聞出版

はじめに

中国史上最初に巨大な帝国を築いた秦《しん》の始皇帝[*1]の出発点は、一三歳で即位した秦王にあった。始皇帝は最初の二六年間は秦王として、その後の一二年間は皇帝として君臨し、死後にはじめて始皇帝と呼ばれた。

同時代の近臣たちは、秦王に対しては「大王」、皇帝に対しては「陛下」あるいは「上」と呼びかけていた。近臣たちは直接皇帝というのをはばかり、近臣が控える場所を表す陛下（階段の下の意味）を、対面する皇帝の尊称としたのである。

本書では、王と皇帝の時代を総称する場合は秦王始皇帝嬴政《えいせい》と呼び、王の時代だけを指

*1　生没年は前二五九～前二一〇。秦王の在位は前二四七～前二二一、皇帝の在位は前二二一～前二一〇。

す場合は秦王嬴政と呼ぶことにする。始皇帝の姓名は、『史記』では趙政（姓は趙氏、名は政）としている。秦の姓は嬴、氏は趙と姓氏を区別していたが、漢代には姓と氏を区別しなくなったのである。しかし後世、もとの嬴姓に帰って嬴政というようになった。『史記』と同じ前漢武帝期の竹簡文書に『趙正書』と題した史料があることが二〇〇九年にわかり、本来の姓名が趙政よりも趙正である可能性が高くなったが、本書では嬴政として述べていく。

そして秦王始皇帝嬴政をめぐる近臣たちを、あえて近臣集団と呼ぶことにする。多くの臣下のなかで、直接、「大王」、「陛下」、「上《しょう》」と呼び、対面することができたのが近臣たちであった。

近臣たちは皇帝に直言する場合、たとえば「丞相《じょうしょう》 臣斯昧死《まいし》して（丞相の臣〈李〉斯が死を昧《おか》して〈死罪を覚悟して〉申し上げます）」というように、李斯《りし》の姓である「李」を省き、臣斯というように「臣」に名前だけを添え、皇帝に隷属しているように表現する。臣の字は甲骨文字でもほぼ同じ形であり、大きく開いた瞳で見上げる様を表す。

秦王始皇帝は為政者でありながら、彼にはこうした近臣の意見を聴く柔軟性があった。斉人の茅焦《ぼうしょう》は秦王に対面して「大王に母太后《ぼたいこう》を遷《うつ》すの名有り」といい、嫪毐《ろうあい》の乱のときに秦王が乱に関わった母を幽閉したことを批判し、秦王は率直にその意見を受け入れている。

また、将軍王翦《おうせん》は楚への出兵を前にして、秦王に「大王の将為《た》りて、功有るも終に封侯を得ず」と述べた。大王の将軍であれば軍功を得て領地を得られるはずであると訴えたのである。

丞相王綰《おうわん》は遠方には秦王の諸子を王として置いて治めるべきことを提案し、「諸子を立て、唯上のみ幸いに許されんことを請う」と言った。皇帝と直接名指しすることはできないので、上《しょう》と言う。郡県制ではなく封建制を主張し、異論として受け入れられている。

暴君と評されることがあるのは、晩年四七歳のときの焚書《ふんしょ》令や、四八歳のときの坑儒《こうじゅ》、また四六歳のときの長城の建設以降の始皇帝の政治評価であると思う。思想統制をして言論を抑えて学者を穴埋めにし、民衆を酷使して万里の長城を建設する。すべて始皇帝晩年の政策であった。

中国を最初に統一したのは、秦王嬴政であった。しかし当然ながら、統一は嬴政一人では実現しなかった。嬴政をめぐる近臣集団がいかに君主を支えてきたのか。同時に近臣に有能な文官、武官がいても、その能力を引き出す才能は秦王始皇帝に求められた。近臣の側にも集団として連帯し、君主を支えていこうとする意識がなければ、かれらの力も存分に発揮できない。秦が戦国七雄のなかで最後に残り得た理由は、秦王嬴政と近臣集団の強い連帯の絆にあったと思う。

『趙正書』のなかに、最晩年の秦王（この文書では始皇帝と言わずに秦王で通している）が丞相の李斯ひとりに発した興味深いことばが見える。

「自分が亡くなった後に、大臣たちが争い、わが子（胡亥《こがい》）の主君の地位を侵そうとするのは、たえられない。『牛馬が闘ったら蚊や虻《あぶ》がその下に殺される（牛馬闘いて蚊虻其の下に死す）』ということばにあるように、大臣が争えば、斉民《せいみん》（人民）は苦しんでしまう」

大臣の連携がなくなれば、結局人民が苦しむというのである。始皇帝は実際、生前には大臣をうまく制御していた。大臣の意見に冷静に耳を傾け、異論も排除しない。そうした始皇帝を大臣たちは信頼し、誠意を示すような関係性を築いていたのだろう。

本書の執筆の目的は、秦の始皇帝がどのように近臣集団を組織して天下を統一できたのかを明らかにしていくことにある。それは、始皇帝の臣下が始皇帝の絶対的な権力を賛美したことを後追いするものではない。むしろ始皇帝が、秦王の時代から戦国の一人の王として、どのように国内外の人々と人間的な絆を築いていったのか、挫折も繰り返しながら、その帰着として統一にたどり着いたことを明らかにしていきたい。

筆者はこれまでも人間始皇帝の五〇年の生涯を追い続けてきたが、ここでは一三歳で秦王に即位し、三九歳で天下を統一するまでの戦争と外交の歩みをふりかえってみたい。

始皇帝の戦争と将軍たち

——秦の中華統一を支えた近臣集団

目次

第二章　合従と連衡の戦争　73

第三章　六国滅亡の十年戦争　113

第四章　統一を支えた近臣たち　157

第五章　秦に対抗した六国の英傑たち　201

第一章

始皇帝の人間力——近臣たちとの特異な関係性

始皇帝嬴政の生涯

始皇帝の称号は、彼の遺詔《いしょう》*1によって臣下が君主を評価する謚号《しごう》（死後のおくりな）の制度を止めさせ、死後には「始皇帝」と呼ぶべきとしたために生まれた呼び名である。同時に二世、三世から万世に至るまで、永遠に続く称号を定めた。

始皇帝嬴政《えいせい》の五〇年の生涯は、実に波乱に満ちたものであった。秦の王室の人間でありながら、秦都咸陽《かんよう》の宮殿ではなく、敵対する趙《ちょう》の都・邯鄲《かんたん》で生まれ、最期も旧趙国の離宮で亡くなった。秦王になるはずも、皇帝になるはずもなかった秦の王室の人間が、予測もできない歴史の流れのなかで、偶然秦王に即位し、そして中国史上最初の天下の皇帝にまで上り詰めた。

そのような権力者ではあっても、つぎからつぎへと訪れる逆境において実に逞《たくま》しく生きていったと思う。実際、嬴政が生涯に遭遇した危難は数知れなかった。しかし、その都度かれを取り囲む人材の力を借りつつ、乗り越えていった。豊富な人材は、嬴政自身が呼び寄せたものである。だからこそ、人間嬴政の一生は興味深い。危難をどのように乗り越えたのかを振り返りながら、生涯を簡単に追ってみよう。

以下に、嬴政の一〇の危難を列挙した。近臣の力でそれらを乗り越えていったことに注目したい。

①　誕生から九歳までの幼年・少年期には、趙都の邯鄲で母子ともに殺される危険があったが、大商人の呂不韋《りょふい》と邯鄲の母の家に救われた。

嬴政は、父の異人（のちに子楚《しそ》と改名）が趙の都に質子《ちし》（一種の人質）として生活していたときに、趙の女性との間に生まれた。父の子楚は秦の昭王《しょうおう》の孫、秦の太子安国君《あんこくくん》（のちの孝文王《こうぶんおう》）の子でありながら、王位を継ぐ順位にはなかったので、誕生した嬴政にも将来の保証はなかった。秦軍が趙を攻めるなかで、いつ殺されるかという危険があった。それを救ったのは、大商人呂不韋の知恵と、趙の豪族であった母の一族の保護であった。

②　嬴政は、わずか一三歳（前二四七年）で秦王に即位した。呂不韋の算段で父の太子子

＊1　これは五〇歳の臨終の遺詔ではなく、統一時三九歳のときにみずからの死後の称号を決めた法令であるが、死後に実行させることを求めたので一種の遺詔と考える。

楚が秦王（荘襄王《そうじょうおう》）となったが、わずか三年余りで逝去したことで、一三歳の嬴政に秦の王位が回ってきた。新たな危難は、一三歳の嬴政にかかった重圧である。秦王室傍系の嬴政には、王室の嬴氏一族の圧力がかかった。

　乗り越えられた大きな要因は、呂不韋や李斯ら外国人の有能な人材が、少年嬴政を支えたことであろう。呂不韋は多くの人材を食客《しょっかく》として集めていたので、かれらの知恵が秦王を後押しした。李斯は、嬴政が将来帝王になるべき人物と見抜いた。そして少年秦王を対外的に守ったのは蒙驁《もうごう》、王齮《おうき》（王齕《おうこつ》とも書く）ら昭王時代からの初期の老将軍たちであった。

③　一九歳（前二四一年）の秦王には、合従軍の侵入によって国の存亡を左右される危難があった。東方五ヶ国の合従《がっしょう》軍が、秦都の咸陽近郊まで侵略したのである。咸陽近郊の地と、祖父孝文王の陵墓の地を攻められた。統一後の述懐から、嬴政の心にはこのときの負の記憶が一生残ったことがうかがえるが、それが嬴政の中華統一の活力のもとにもなった。再び攻め込まれないように、合従軍の結成を阻止し、東方六国を分断する必要がある。これは当時典客《てんかく》（外交官）を務めていた李斯の外交力と、将軍たちの働きで実現できた。そのようななかで信頼する蒙驁将軍を失ったのは大きかった。

④　二二歳（前二三八年）のときにも、母と対立したことで大きな国難が訪れた。前年にも嬴政の弟・成蟜《せいきょう》が反乱を起こしていたが、その翌年に最大の内乱が起こったのである。母とその愛人嫪毐《ろうあい》が反乱を起こし、秦国の中央を二分する内戦が起こった。このときは、嫪毐に政権を奪われる危険があった。これを救ったのは、嬴政側に就いた昌平君《しょうへいくん》、昌文君《しょうぶんくん》に代表される大臣や桓齮《かんき》らの将軍たちであった。呂不韋は処刑され、外国人排斥に反対した李斯が代わって嬴政を支えていくことになった。

⑤　三三歳（前二二七年）、前年に母を失った嬴政に突然、暗殺未遂という大きな危機が振りかかった。燕《えん》の太子丹《たん》が派遣した荊軻《けいか》が秦王の面前まで近づき、秦王を襲ったのである。このときは、みずからの剣で身を守った。暗殺されてもおかしくない状況を救ったのは、嬴政自身の生きる力であったと思う。嬴政はこの危難をバネにして六国を攻撃していった。

⑥　三〇歳から三八歳（前二三〇〜前二二二年）にかけては、東方六国との十年戦争の渦中にあった。秦王として、時にみずから戦場に足を運び、危険のなかに身を投じた。王《おう》翦《せん》・王賁《おうほん》・蒙武《もうぶ》・蒙恬《もうてん》ら秦の将軍たちの行動と、東方六国を分断し、合従の暇も与えなかった李斯の策略がうまく機能した。秦王自身が戦地に赴く行動力は、将軍たちのより

どころでもあったが、秦の戦争にはいつでも敗北の危険はあった。実際、対楚《そ》戦ではいったんは二〇万の軍で敗北したが、六〇万もの軍で態勢を立て直した。若い李信《りしん》、蒙恬の将軍たちは失敗し、老将軍の王翦が危機を救ったのである。三六歳の嬴政は、楚の旧都の陳《ちん》に入り、将軍や兵士たちの士気を高めた。

⑦三九歳（前二二一年）で王から皇帝となり、統一を宣言して天下に君臨しようとした。これをあえて嬴政の危難の一つに数えたのは、一三歳の秦王嬴政にかかった重圧をはるかに超えるほどの、天下を治めるという重圧の只中にいたからである。統一ですべてが終わったわけではない。旧六国の広大な領土をどのように治めていくのか、中央で議論が相次いだ。皇帝の任命した郡県の官吏で直接治めるのか、遠方の地には王を置いて治めるのか。前者の李斯の意見が通ったが、後者の丞相王綰《おうわん》の意見も排除されたわけではなかった。天下の三六郡に守（行政）、尉（軍事）、監（監察）の官吏を置くといっても、それはあくまでも統一事業の目標であった。実態は秦に対する反抗に常時備えなければならなかった。

⑧四〇歳（前二二〇年）から最後の五〇歳（前二一〇年）までは、しばしば都を離れ、五回にわたる地方巡行を行った。そこでは統一に反対した旧六国の人々に襲われる危険が

たえずあった。実際に四二歳（前二一八年）、巡行に出発した直後、博浪沙《はくろうさ》の地で旧韓人の張良《ちょうりょう》に襲われた。四四歳（前二一六年）、都咸陽の蘭池《らんち》でも盗賊に襲われた。荊軻と懇意にしていた筑《ちく》という楽器の名手・高漸離《こうぜんり》が、楽器のなかに鉛を隠し入れて始皇帝嬴政を襲ったのも、東方巡行時のことであった。

⑨ 四五歳（前二一五年）以降、秦は匈奴《きょうど》と百越《ひゃくえつ》との戦争の時代に入ったことで戦時体制の危機下となり、巡行は中断した。李斯とともに推進した焚書（前二一三年）坑儒（前二一二年）の政策は、嬴政のもとの近臣たちの絆を崩していくものであった。いままで許されていた異論が排除され、多くの者が処刑されることになった。過去の歴史に学び、現在に役立てることが、現在を批判する行動とされた。長城や阿房宮《あぼうきゅう》の土木工事の負担も大きかった。始皇帝嬴政に異論を唱えた長子扶蘇《ふそ》も、蒙恬とともに北辺に送られた。

⑩ 五〇歳（前二一〇年）、第五回巡行の途上で病にかかり、旧趙国の離宮の沙丘平台《さきゅうへいだい》で息を引き取った。後継者の太子を指名していなかったことから、嬴政の死後、秦帝国全体を統率する求心力が揺らいでいった。嬴政の人間力で結束してきた将相《しょうそう》（将軍と丞相）の近臣たちの連携も、崩壊することとなる。始皇帝の死後、扶蘇と蒙恬は自害を迫

られ、やがて李斯も極刑を受け、趙高《ちょうこう》も殺された。

始皇帝の波乱に満ちた生涯を見守った戦士たちの俑が、地下に埋まっている。一九七四年に偶然発見され、現在もなお発掘が続く八〇〇〇体と推測される兵馬俑《へいばよう》。かれらは実に穏やかな顔をした、始皇帝嬴政の側近の戦士たちである。人間嬴政のもとに結束していた過去のよき時代の戦士たちが、死後の世界まで主人を守ろうとする気概がうかがえる。

統一を支えた近臣集団

中央の文武（文官・武官）の大臣には、王・皇帝の最側近で最高位となる三つの役職があった。行政を司る丞相《じょうしょう》と、法務・監察を司る御史《ぎょし》大夫《たいふ》、そして軍事統括者の泰尉《たいい》である。[*2]秦の武王以来、左右の丞相が置かれ、右丞相が左丞相より上にあった。統一前には丞相のほかにこれを助ける相邦《しょうほう》があった。

その下に、国家運営に関わる高官と、皇帝の身辺に関わる内官が並んでいた（図）。前者の高官には、祭祀儀礼の奉常《ほうじょう》、裁判の廷尉《ていい》、財政の治粟内史《ちぞくないし》、対六国外交の典客《てんかく》、車馬管理の泰僕《たいぼく》（太僕）、首都咸陽《かんよう》城警備の中尉《ちゅうい》、咸陽をとりまく畿内（京師《けいし》咸陽とその

秦の主な役職図

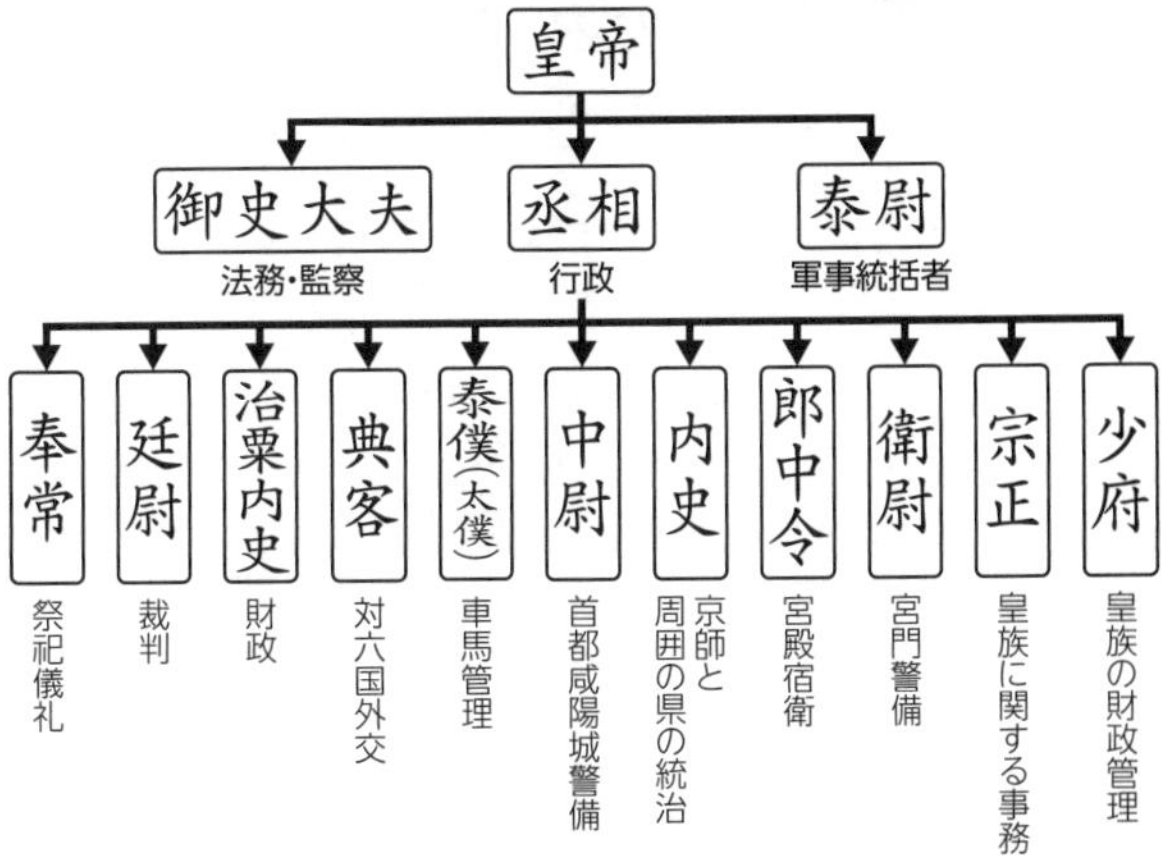

周囲四〇県ほどの区域）を統治する内史《ないし》が並んだ。内官には、宮殿宿衛の郎中令《ろうちゅうれい》、宮門警備の衛尉《えいい》、王・皇帝の一族を管理する宗正《そうせい》、皇族の財政管理の少府《しょうふ》などがいた。

韓人あるいは魏《ぎ》人であった呂不韋《りょふい》は行政トップの丞相を支える相邦になり、楚人の李斯は典客、廷尉、丞相と上り詰め、権力の中枢を握った。

祖父が斉《せい》人であった将軍蒙恬《もうてん》も、内史と

＊2　丞相は左右丞相。相邦は丞相を支え、御史大夫は監察を行い、御史ともいう。泰尉は大尉、後世太尉とも書く。

して長城を築いた。内史は秦の本土を守る職務があり、その北の長城も本土を防衛するものである。『趙正書』の竹簡文書では、蒙恬は首都咸陽だけを守る中尉であったともいう。

趙人出身の趙高《ちょうこう》は中央の高官ではなく、始皇帝の最側近として寵愛され皇帝の車馬管理の中車府《ちゅうしゃふ》令《れい》であったが、始皇帝の死後、丞相、御史大夫の任につき権力に執着し、二世皇帝を殺害することになった。

始皇帝を取り巻くかれら近臣の高官たちにも、さまざまなドラマがあった。ただ言えることは、秦王始皇帝の生存時には、高官たちは相互に権力闘争に走ることもなく、始皇帝を中心とする秦の国家をバランスよく支えていたのである。それこそ始皇帝の人間力によって成し得たことだったと思う。そして始皇帝の死後、近臣の高官たちは、たがはずれたように足を引っ張り合い、権力闘争に走って自滅し、始皇帝の作った秦帝国は短命で崩壊してしまった。

嬴政が若くして秦王となり、やがて皇帝になるためには、多くの人々、とりわけ有能な近臣集団に支えられていなければならなかった。彼の臣下たちは、大王や皇帝の権威を恐れて口を閉ざすことなどはせず、自由に政策を提言した。そして嬴政も臣下たち同士の異論を排除せず、むしろ異論のなかから自らの最上の政策を決断した希有な為政者であった。

嬴政と近臣集団との人間関係に注目すると、秦一国の君主と臣下の関係を超えるものであったことが見えてくる。秦の国外から有能な人材を柔軟に受け入れ、良い意味で競争させていた。始皇帝を、暴君とも評される絶対的君主ではなく、嬴政という一人の人間として見つめ直してみると、人間嬴政をめぐる近臣集団の独特な人間群像が浮かび上がってくる。これこそ、嬴政が皇帝となり得た強みであった。

始皇帝の曽祖父の昭王（昭襄王）を支えていた豊富な人材は、祖父・孝文王、父・荘襄王を超えて、そのまま秦王嬴政へと引き継がれた。わずか三日天下の孝文王と、在位三年余りの荘襄王の二代の治世はきわめて短いので、昭王から秦王嬴政へと人材が直接継承されたことは大きい。

王齮《おうき》（始皇三年死去）と蒙驁《もうごう》（始皇七年死去）の二人の昭王の将軍は、嬴政が即位してまもなく亡くなるが、その老将軍としての技量は若き秦王を支え、さらにその技量は次の世代の若い将軍たちに伝えられた。とくに斉人蒙驁の将軍としての才能は、蒙武《もうぶ》・蒙恬《もうてん》といった子と孫の一族に受け継がれた。それは秦人の王翦《おうせん》、王賁《おうほん》、王離《おうり》の三代将軍でも同様であった。こうしたことは、秦に敵対した東方六国の将軍には見られないことである。

外国人の登用

秦王嬴政を支えた人材には、秦の本拠地・関中出身の「秦人」だけでなく、外国人である「非秦人」も多く含まれていた。非秦人とは、韓・魏・趙・楚・燕・斉から来た東方六国人を指し、彼らに活躍の場を与えたことも、秦王嬴政の強みであった。

きっかけとなったのは、前二三七年の出来事にあった。秦王嬴政が秦王室の宗族の要請を受けて客（外国人）を追放する命令（逐客令《ちくきゃくれい》）を下そうとしたときに、みずから対象となる楚出身の李斯が反対する上書をすると、李斯の意見を聞き入れてすぐに取り下げたのである。以後、秦は外国人を積極的に登用することになる。

こうして秦王嬴政は、嬴姓一族の宗族から距離を置き、多様な人材を登用していった。それをなせたのは、嬴政が九歳まで趙の都の邯鄲《かんたん》で育ち、母国を知らなかったことが大きい。

このような状況下で、秦国ではさまざまな外国人が才覚を発揮し、活躍することになる。まず挙げられるのが、荘襄王と秦王嬴政の二代の相邦《しょうほう》となった呂不韋《りょふい》であろう。呂不韋の出身は秦ではなく、六国の韓の陽翟《ようてき》(『史記』呂不韋列伝)あるいは魏の濮陽《ぼくよう》(『戦国策』)である。大商人だった彼は、趙の邯鄲にも拠点を置いており、質子《ちし》として邯鄲に出されていた子楚(荘襄王)と出会ったことを機に、秦の国政に絡むことになる。

商人としての国際的な感覚が、秦の政治に斬新に持ち込まれた。国際的な商人は、莫大な利益を得る術として、国を越えた価格差に着目する。趙の邯鄲に質子として出され、太子になる望みもない子楚を秦の継嗣《けいし》とすることで、「奇貨居《きかお》くべし」(高値が出るまで待つ)を実現した。

呂不韋は子楚が即位すると、相邦としてみずから周の都・雒陽《らくよう》(洛陽)に赴き、残された東周《とうしゅう》君《くん》を滅ぼし、周は秦によって完全に滅ぼされることになった。そして呂不韋は旧成周城の雒陽一〇万戸をみずからの領地とし、周の王城の方には秦の占領郡・三川《さんせん》郡の役所を置いた。

これがそのまま秦王嬴政に譲り渡された。天下の中心であった周の地は中華の中心でもあり、天下をめざす嬴政に大きな拠点を用意したことになる。呂不韋は東方で活躍していた大商人として雒陽の重要性をよく認識し、周秦革命を実現させた功労者であった。

韓魏出身の呂不韋が秦王嬴政の成人までの政治を支え、そして呂不韋亡き後は楚出身の李斯《りし》が、秦王嬴政の始皇帝時代までの政治を支え続けた。李斯は外国人として優遇される客卿《かくけい》の身分を持ち、典客（対六国外交長官）、廷尉（法制長官）、丞相として秦王始皇帝に仕えた。

もともと楚の地方の下級役人であった李斯は荀子《じゅんし》から帝王の術を学んだが、王を超える帝王に足る君主を、楚ではなく秦に求めた。昭王亡きあとの荘襄王の頃に秦に入ったが、若き秦王嬴政に帝王の素質を見出し、みずからが帝王に育てていく意志を固めた。商才のある呂不韋が子楚（荘襄王）に奇貨居くべしと将来の商品価値を見出したこととは対照的に、将来の帝王たるべき原石を見出したのである。長年仕える中で、嬴政に一国を超える帝王の術を授け、育てていった。

将軍蒙《もう》氏一族も、東方の斉の出身であった。蒙驁《もうごう》が母国を出た理由はわからないが、武人として実戦での活躍の場を秦に求めた。

荘襄王のときの対趙戦では太原《たいげん》郡（秦代の表記は秦原郡、大原郡）を置き、対韓戦では呂不韋とともに三川郡（秦代の表記は参川郡）を置き、秦王嬴政に代わってからの対魏戦においても、嬴政最初の占領郡である東郡《とう》を置くという功績があった。早くに戦死したが、その才能は子の蒙武、孫の蒙恬に伝えられた。

始皇帝の側近として仕えた趙高《ちょうこう》も、秦に敵対した趙の出身である。彼の母は趙を滅ぼした秦の王室に奴婢《どひ》身分で奉仕しており、趙高自身も隷臣《れいしん》という奴婢身分であったにもかかわらず、秦の内官として宦《つか》えた。

趙高の能力はまれにみる文治能力の高さであり、家柄の支えなどなく、「書（文書）」と「獄（獄法）」と「璽（印璽《いんじ》）」と「車（皇帝の輿）」という四つの分野において能力を示し、権力の頂点に駆け上がったといってもよい。「書」とは人を説得させる文章を書く能力、「獄」とは人を法に基づいて公平に裁く能力、「璽」とは君主の決裁に欠かせない印璽を近臣として信頼されながら管理する能力、「車」は皇帝を安全に巡行させる能力である。

かれの才能がもっとも活用されたのは、統一後の巡行時の始皇帝の政治においてであった。宦籍《かんせき》*3にも登録され、いつでも自由に皇帝に謁見《えっけん》できた。そして皇帝の車と印璽を管理

*3　近臣として王や皇帝に直接宦え、宮殿に出入りできる者の名簿。

する「中車府令」として、近臣集団の最側近の一人にまで上りつめたのである。始皇帝が巡行の途中に病死したときに、その死を知り得たのは趙高、李斯、末子《まっし》の胡亥《こがい》のほかにわずか五、六人の宦者《かんじゃ》だけであった。

趙高の能力は始皇帝の死後、扶蘇、蒙恬を裁き、李斯を極刑に処する裁判にも発揮されたが、もともとは生前の始皇帝の政治を支えていた有能な実務官吏であった。

呂不韋、李斯、蒙恬、趙高らは秦人ではないので、もともと秦という郷土への忠誠心はなかったであろう。しかし結果的に、嬴政という人間を信頼し、その絆から秦の政治と軍事を支えたのである。かれらは嬴政の人間力に魅せられたのだと思う。そしてその嬴政との直接の絆が失われたときに、死を選ばざるを得なかった。

呂不韋は嫪毐《ろうあい》の乱のなかで、嬴政から仲父《ちゅうふ》（父の叔父にあたる存在）ともいわれた信頼を失ってしまった。嬴政の母はもとは呂不韋の愛姫であり、子楚の妻となったが、子楚（荘襄王）の死後は、嫪毐の愛人となる。嬴政は、一時は呂不韋に恩情を示したが、嫪毐の乱を機に蜀地への徙遷刑《しせんけい》（流刑）を命じ、呂不韋は領地の雒陽《らくよう》で鴆酒《ちんしゅ》（羽に毒のある鴆鳥の羽を浸した酒）を飲んで自殺した。

李斯は始皇帝からの信頼は失わなかったが、始皇帝の死後、趙高との権力闘争に負けて極刑の死罪を受けることになる。蒙恬も皇帝嬴政の信頼を受け、万里の長城の建設に貢献したが、始皇帝の死後、趙高らが作った始皇帝の偽詔によって剣を取って自害することになった。趙高も嬴政に信頼され、嬴政の末子の胡亥に学問を授け、二世皇帝・胡亥の後ろ盾になったが、三代目の子嬰《しえい》（胡亥の兄の子、すなわち始皇帝の孫）に殺された。

こうして有能な近臣たちが、始皇帝の死後、権力闘争に巻き込まれていった。彼らにとって秦国はあくまでも外国であったので、秦を母国として愛したのではなく、秦王始皇帝の人間力に惹かれて忠誠を誓っていたのであろう。

劉邦高祖集団との比較

ここで、始皇帝と、彼の死後に台頭した劉邦《りゅうほう》との違いについて触れておきたい。

始皇帝の死後に立ち上がった劉邦（前二四七〜前一九五）は、もとは始皇帝の治世の秦の地方官吏である泗水亭長《しすいていちょう》であり、秦帝国の最末端の治安を支えていた役人であった。始皇帝のために酈山陵《りざんりょう》（始皇帝陵）建設の労働力を都・咸陽まで運ぶ任務をこなしていた。劉邦は始皇帝について「あのようになりたい（大丈夫は当に此の如きなり）」と漏らしており、敵対する気持ちがあったわけではない。始皇帝の巡行に遭遇した項羽《こうう》（前二三二〜前二〇二）が「かれに代わりたい（彼は取りて代わる可きなり）」と敵愾心《てきがいしん》をもったのとは違う。

その劉邦も、始皇帝が亡くなると、二世皇帝胡亥の秦に反旗を翻し、新たな皇帝権力を生み出すことになる。歴史家は秦を滅ぼしたかれらを高祖（劉邦）集団と呼んでいる。高祖集団の強い絆は、故郷の沛《はい》県を中心とする官吏、商人、民衆たちの地縁的な同郷意識であった。

かれらには、貧困のために家族から放出された人々が多かった。家族の血縁よりも、任侠《にんきょう》的な地域結合が集団を支え、それが新たな漢帝国の核心となった。人のためには命をも投げ出す精神と行動力が任侠であった。

高祖集団と比べ、秦王始皇帝の周辺の人たちには、一体どのような結合の絆があったのだろうか。とくに軍事的に東方六国に優位に立った理由として、秦王と軍官（武官・軍吏）や一般兵士（兵卒）との間にはどのような強い絆があったのだろうか。高祖集団と比べると、こういった事柄は歴史学では分析の対象になったことはない。

鍵を握る要素は、「社稷《しゃしょく》」である。社稷とは、土地神の「社」と穀物神の「稷」で、国家を象徴する。秦の社稷へ忠誠を誓えば、外国人（非秦人）も排除することなく受け入れた。

秦王始皇帝に側近として正式に仕える人々は、文官・武官にかかわらず臣下といい、家臣とはいわなかった。権力の頂点にいた秦王始皇帝には王室があり、そこには王室の官吏はいても、王室の家に仕える舎人、食客《しょっかく》（主人の舎に宿泊する者）などは見当たらないからである。もしかしたら、呂不韋や嫪毐《ろうあい》や李斯のように秦王始皇帝の舎人食客がいたのかもしれないが、史料には見当たらない。

秦王には家臣はいなかったが、秦の社稷に忠誠を誓う社稷の近臣はいた。前漢の竹簡文書『趙正書』によれば、子嬰は秦王（二世皇帝）胡亥を戒め、「大臣の謀」（陰謀〈たくらみ〉）ではなく遠謀深慮〈遠い先まで深く考える考え〉と「社稷の神」の恩恵で、秦国はこれまで安泰であったという。

ただ、呂不韋と嫪毐は、秦王嬴政という人間に任俠に近い接し方をしていたと思う。若き秦王嬴政を支えたのは、呂不韋と嫪毐であった。かれらの政治的な基盤は、国境を越えた人材を任俠的な吸収力で集めることで固められた。秦王嬴政も、それを黙認していたのだと思う。呂不韋は食客三千人を集め、嫪毐のもとにも多くの舎人《しゃじん》が集まり、嫪毐の乱では始皇九（前二三八）年、舎人四千余家が蜀に流され、後に釈放されている。

秦王を支えた呂不韋・嫪毐の任侠的結集力は、嫪毐の乱と呂不韋の死までは確かに顕著であった。

楚出身の李斯も、もともと呂不韋の食客として秦に入国している。呂不韋は、秦の占領郡である三川郡の雒陽に領地を持っていた。その客舎で李斯を受け入れたのであろう。

楚の郡の小吏（下級官吏）であった李斯は、荀卿《じゅんけい》＊4（荀子）から帝王の術を学び、それを秦王に伝えるべく秦に入ろうとした。当時、外国の秦に入るには、遊説《ゆうぜい》の士と認められるか、秦の有力者の食客になるかであった。呂不韋の食客になるのは、能力が認められさえすれば、そう難しくはない。ただ、食客となってもすぐに秦王に面会することはできない。

そこで李斯は、呂不韋の舎人となってからすぐに秦王の郎官となった。郎官とは、王の宮殿を警備する、宿衛の官吏である。秦王は王であり、私的に舎人を持っていないが、その代わりに宮殿宿衛の名目で人材を受け入れたわけだ。こうして、国外の占領郡にあった呂不韋の私的な客舎も、秦にとっては外国の有能な人材の供給源となった。

このように、秦は社稷に基づく結びつきを中心にしつつ権力者の任侠的結びつきも取り込んだ集団であり、民間の任侠的結びつきを国家権力にまで上昇させた漢代の劉邦高祖集団とは性質が異なるのである。

秦の将軍たちの戦い

文官の大臣とは別に、武官の将軍も、秦王にとっては特に重要な近臣であった。若い秦王嬴政に仕えた将軍の蒙驁《もうごう》（？～前二四〇）や王齮《おうき》（？～前二四四）は亡くなった年がしっかりと記録されているが、没年の記録がない将軍がむしろ多い。戦死や賜死《しし》（蒙恬）の場合は、とくに没年が記録される。「王齮死」「将軍蒙驁死」というのは戦死であろう。一方で、桓齮《かんき》（生没不詳）、麃公《ひょうこう》（生没不詳）、羌瘣《きょうかい》（生没不詳）、楊端和《ようたんわ》（生没不詳）、李《り》信《しん》（生没不詳）のように、いつの間にか消えていく将軍も多い。

人物の死はさまざまな事件と関わりがあり、歴史を紐解くうえで重要な要素である。戦死したのか、病死したのか（始皇帝）、自害したのか（韓非、呂不韋、扶蘇、蒙恬）、獄死したのか、刑死（嫪毐《ろうあい》、李斯）したのか、死亡年がわからないといっても自然死とは限らない。史上から謎のように消えていくことに、歴史の背景をさぐることもできる。こうした

＊4　前二九八頃～前二三五頃。孔子の学問を継承した儒家。孟子の性善説に対して性悪説を唱えた。

空白の部分に、歴史学者としての関心がそそられる。

有名な将軍家としては蒙家と王家が知られ、秦の中国統一は、両将軍家の活躍によるところが大きかった。

蒙驁《もうごう》・蒙武《もうぶ》・蒙恬《もうてん》の蒙家は、三代続いた秦の将軍である。蒙恬は六国最後の斉を滅ぼした功績によって、統一後は内史となった。統一後の始皇三二（前二一五）年、蒙恬は三〇万の兵を率いて北方の戎狄《じゅうてき》（匈奴）を追い、河南《かなん》（オルドス）を取り、臨洮《りんとう》から遼東《りょうとう》に至る万里の長城を築いた。

一方、王翦《おうせん》・王賁《おうほん》・王離《おうり》三代の将軍についてある者は、「将為ること三世なる者は必ず敗る。必ず敗るは何ぞや。必ず其の殺伐する所多ければ、其の後其の不祥を受けん」といい、王離が名将であることを否定した（王翦列伝）。三代も続けば、敵方を殺戮する数が多くなり、その報いが三代目にかかってくるという奇妙な理屈を述べている。三世代将軍といっても、三世代が同時に戦場に出ることはなく、せいぜい父子の二世代である。王翦と王賁の父子の連携は、同一の戦場ではなかった。王翦が蒙武と共に楚の戦闘に集中している間に、息子の王賁には遼東に遷《うつ》った燕王を追わせた。王翦はその前に、荊軻《けいか》による暗殺未遂を起こした燕を辛勝《しんしょう》とともに攻撃していた。王翦は遼東まで逃亡した燕王を追うには高齢であったために、子の王賁に任せ、自分は対楚戦に集中し、さらに越《えつ》君を降伏させることもできた。

一方、蒙武と蒙恬の父子には、そのような連携はまったく見られない。蒙武は楚を最後に滅ぼす戦闘で、同世代の老将軍・王翦と行動を共にして戦果を挙げた。一方の蒙恬は、王翦に先んじて若い李信とともに楚を攻撃し、敗北している。李信はその後に挽回し、同世代の王賁と燕を攻めて滅ぼすと、斉に向かった。蒙恬はその若手将軍の列に加わって斉を滅ぼした。これは蒙武と蒙恬の連携ではなく、王翦と王賁の父子の連携による。

秦は大国である楚の攻撃には老獪《ろうかい》な王翦と蒙武に任せ、無血降伏することになる斉には若手の李信・王賁・蒙恬に任せる戦術をとったわけだ。経験のある王翦の主導であり、遠方は機動力のある子の王賁ら若手将軍に任せたのである。

ちなみに、秦の将軍について始皇帝亡き後は、秦末から楚漢戦争を記述した『楚漢春秋』などにおいて否定的に語られている。これは、反秦軍が秦の将軍の不遇を強調することによって、投降を誘う口実としていたことが大きい。

陳余《ちんよ》は秦将の章邯《しょうかん》に、「（秦の将軍は）功多きも、秦尽《ことごと》く封ずる能わざれば、因りて法を以てこれを誅す」と書簡で述べている（項羽本紀）。秦の将軍は功績を挙げても、それに見合った爵位を与えられず、法に基づいて誅殺《ちゅうさつ》されるという。実際には秦の将軍一般のことではなく、昭王のときの白起《はくき》や、始皇帝亡き後の蒙恬のことを言ったまでである。

コラム 兵馬俑坑の将軍は誰だったのか

一九七四年に陝西省《せんせい》西安市臨潼区《りんどう》（当時は臨潼県）で発見された兵馬俑坑には、推定八〇〇〇体もの兵士と馬の陶俑《とうよう》が埋まっている。現在までに一六〇〇体ほどの兵馬俑が発掘され、秦始皇兵馬俑博物館で公開されている。始皇帝が眠る始皇帝陵の墳丘から東方一・五キロメートルも離れた空間に、わざわざ等身大でリアルな地上の軍団を地下に埋蔵したのは、始皇帝を除き中国の歴史上にまったく例がない。一人一人の兵士のリアルな顔の表情には、実はモデルがあった。

兵士は冠を被った軍官（軍吏）と、長髪で髷《まげ》を結い一部着帽している一般の兵士に大別され、さらに軍官は冠の形から高級軍官、中級軍官、下級軍官に分けられる。高級軍官の陶俑は高級軍吏俑ともいうが、一般に「将軍俑」とも呼ばれており、現在まで将軍俑は一一体発見されている。将軍俑ではあるものの、『史記』に登場する秦王始皇帝の時代の将軍、桓齮・麃公・王齮・蒙驁・王翦・王賁・蒙恬らよりも下位の軍官と見られている。

これら将軍俑は、勇猛に反撃に出る習性のキジ科のヤマドリの尾を模した鶡冠《かつかん》を被っている。長剣を提げていたり、あるいは両手を交叉させて長剣を立てたりしている。いずれも個性ある顔つきで、表情からは王翦と王賁のような世代間の年齢差もうかがえる。胸板が厚く、体格は一般の兵士俑より一回り大きい。

兵馬俑坑は、三つの坑と、一つの未完成の坑からなる。兵士俑の軍団は、東方に向かって地下に並んでいる。

兵馬俑一号坑は、歩兵と戦車の部隊で

兵馬俑から発見された11体の将軍俑（高級軍吏俑）の１つ（秦始皇帝陵博物院所蔵）

構成されている。一台の戦車の後方には、四列縦隊で八〇から一〇〇人ほどの歩兵が並ぶ。歩兵を統率する戦車には御者一人と軍官二人が配置され、そのうち一人が高級軍官となる。

兵馬俑二号坑は、歩兵と戦車の部隊に騎馬部隊が加わっている。戦車一台の後方には、四列で八～九行の歩兵が並ぶ。戦車だけの部隊は六四台、そして騎兵は横四列縦隊で、一〇八人が並ぶ。東前方の弓兵の歩兵は三三二人となる。

三号坑は指揮部隊か儀仗《ぎじょう》部隊であり、そこには一台の戦車が配置される。指揮部隊であれば三号坑に将軍がいてもおかしくはないのだが、兵馬俑坑全体を統率する将軍の姿は見えない。

三号坑の南側半分の六八体の整理された兵馬俑に、兵馬俑坑八〇〇〇体の軍隊の謎が隠されていると思う。対面して並ぶ儀仗部隊の間を通過する対象が見えないのである。ここを通過したあとに、地下宮殿に埋葬されたのだと思われる（図）。

対面して並ぶ儀仗部隊（秦始皇兵馬俑博物館編『秦始皇兵馬俑博物館』文物出版社、1999年）

始皇帝に仕えた兵士と馬は、始皇帝陵に生きたまま殉葬されることはなかった。彼らの墓は、都の咸陽周辺から発見されている秦墓のなかにある。将軍であれば始皇帝陵の陪葬墓《ばいそう》に埋葬されたはずである。一般の兵士は都咸陽周辺の小さな墓に埋葬された。

兵士たちは、兵馬俑坑に自分とうり二つの陶俑を埋蔵されることをどのように感じたのであろうか。兵士俑のモデルになった人々は名前もわからず、いったいどのような人々であるのかはあまり関心を持たれてこなかった。せいぜいリアルな顔から出身地を推測する、といった程度のことしか行われてこなかった。

兵馬俑坑の兵士は都咸陽の京師を守る中尉の兵士であるのか、始皇帝の身辺の宮門を守る衛尉の近衛兵であるのか、あるいは畿内の内史の兵士であるのか見解が分かれる。兵馬俑が漠然と地下帝国を守る兵士とすれば中尉の軍となるが、兵馬俑坑はあくまでも始皇帝を埋葬した陵園《りょうえん》のなかにある陪葬坑であることを考えると、より始皇帝に近い近衛の衛尉の軍とも考えられる。まさに近臣の軍隊である。兵馬俑の兵士たちは地下を守る以前に、始皇帝の葬儀に参列した近衛軍、すなわち京師軍よりも始皇帝に近い兵士たちであったと考えられる。
かれらは咸陽宮から始皇帝陵まで棺を運んだ轀輬《おんりょう》車を警護した。始皇帝陵西側で西向きで発見された銅車馬二輌（先導車と轀輬車）は埋葬後に都に戻る姿であり、兵馬俑は咸陽から東に護送する姿であろう。

兵士が持っている青銅製の長柄《ながえ》の武器の戟《げき》（戈《か》の先に矛を組み合わせたもの）には、秦王の年号と、武器製造の最高責任者である呂不韋の名が刻まれている。年号は三年、四年、五年、七年とあり、呂不韋の名前から秦王の年代であることがわかる。

蒙驁《もうごう》将軍が韓魏を攻撃していた年代であり、三年は王齮の死、七年は蒙驁の死の年に当たる。かれらが戦死した戦闘で使用された武器の可能性はあるが、兵馬俑坑が作られたのは始皇二六年の統一の頃か、始皇三七年の始皇帝の死後数ヶ月から一年の間であったとも考えられる。

筆者は、兵馬俑の制作時期は、始皇帝の死後数ヶ月間が濃厚であると考えている。その理由を示していきたい。

三号坑の唯一の戦車に乗った軍官の俑の袖口に、「辛卯《しんぼう》」という文字が刻まれていたことが報告されている。干支は一般に日付に用いられるが、この場合は年の干支であり、辛卯はまさに始皇帝が亡くなった始皇三七（前二一〇）年に当たる。

この辛卯の年は一〇月に始まり、九月に終わるが、始皇三七年のこの年は、「閏《じゅん》月《げつ》」として九月の後に「後九月」があり、一年が一三ヶ月であることが出土史料からわかっている。

始皇三七年七月丙寅《へいいん》に、始皇帝は第五回の巡行の途中で病気によって急逝した。暦には七月丙寅はないので、八月丙寅（二一日）に亡くなり、喪を発表したのは、本来の行程通りに遺体を乗せた轀輬車が咸陽に戻ってからであった。『史記』が九月に始皇帝を酈山《りざん》に埋葬したというのは、遺体を安置する殯《もがり》の期間を加味すると、後九月のことだと思われる。辛卯の歳は後九月で終わるので、兵馬俑の制作を開始したのは喪を発表し、遺体を埋葬した後九月のことと推測する。とすると、三号坑も始皇帝の葬儀との関係が考えられる。

前漢文帝の葬送の事例は、詳しく『史記』に記録されている。都の長安から陵墓の覇陵までは、中尉周　亜夫《しゅうあふ》が車騎将軍、郎中令張　武《ちょうぶ》が復土将軍に任命され、長安近郊の県の兵士一万六〇〇〇人、内史の兵士一万五〇〇〇人の総勢三万人の兵士を率いた。かれらの役割は都から陵墓の地まで遺体を乗せた轀輬車を護送し、陵墓では棺を地下に埋葬し、土で埋める（復土）工事の労働力となることだった。

始皇帝の兵馬俑三号坑の兵士俑は、長柄の先に殳《しゅ》という儀仗用の武器を付け、右手に持ちながら、中央を通路として空けて対面で並んでいる。儀仗兵が迎えたのは生きた始皇帝の場合もあるが、辛卯の年であれば、始皇帝の棺を迎えたのであり、一台の戦車がそれを先導したのだと推測する。

現在、始皇帝陵の西側にある大型の陪葬墓群の一つが発掘され、始皇帝の近臣である将軍か丞相かとも考えられている。その場所から、棺《ひつぎ》を載せて何かの動物に牽引させた四輪車が出土している。霊柩車だと見られており、棺を墓室に運び、車をそのまま埋めたのであろう。一般に馬車は二輪車であり、四輪車は実例がない。

三号坑の儀仗兵も、まさに始皇帝の棺を迎えた光景を再現したのであろう。都の咸陽から五〇キロメートル東の陵墓まで轀輬車で運び、地下宮殿へのスロープを下るには四輪の霊柩車を用いたのかもしれない。

では兵馬俑のモデルは、どの将軍の軍隊であったのだろうか。武器の年代から考えれば、秦王初期においてもっとも信頼していた蒙驁将軍の軍隊であり、統一時に兵馬俑が制作された説に立てば、秦王嬴政がもっとも信頼した老将王翦将軍の軍隊であり、始皇帝の死の直後に制作された説に立てば、その時期にもっとも信頼していた蒙恬将軍の軍隊を地下に再現したことになる。このうち蒙驁将軍は始皇七（前二四〇）年にすでに戦死しているので、可能性は低いといっていいだろう。

蒙恬は『史記』では匈奴との戦争と万里の長城の建設時は秦の本土全体を守る内史であったと書かれているが、『趙正書』[*5]では京師を守る中尉であったという。まさに中尉の軍隊と兵馬俑は結びつく。始皇帝は最期、長子の扶蘇と蒙恬（坑儒を批判した扶蘇は上郡の蒙恬将軍のもとに送られていた）に葬儀を主宰することを遺詔《いしょう》として残した。蒙恬には「兵を以て蒙恬に属《ゆだ》ね、喪と咸陽に会して葬れ（兵は蒙恬に委ね、遺体と咸陽で会って埋葬してほしい）」と命じた。蒙恬の軍隊が始皇帝の葬儀に参列した可能性は高く、その軍隊が地下に再現された可能性も高い。

ただ、始皇帝の死後、偽詔によって扶蘇と蒙恬に死罪が言い渡され、遺詔は実現し

＊5　二〇〇九年に北京大学に寄贈された、三三四六枚の前漢武帝期の竹簡のうちの五〇枚。

なかった。蒙恬は北辺の上郡の陽周《ようしゅう》の獄中で自殺し、その墓は陽周に近い陝西省綏徳《すいとく》県に残されている。『史記』によれば、扶蘇と蒙恬に代わったのは、胡亥と王離（王賁の子）であった。本来兵馬俑坑の兵士を引率するはずであった蒙恬の姿はどこにもなく、真の将軍俑はどこにも見当たらない。遺詔が実現していれば、本来の将軍俑が作られていたかもしれない。兵馬俑坑に真の将軍俑が不在の謎は、ここにあったのだろうと筆者は考えている。

　兵馬俑坑は四号坑を作りながら、そこには何も埋蔵していない。その理由は史実と合致する。二世二（前二〇八）年、陳勝《ちんしょう》呉広《ごこう》の反乱軍下の周章《しゅうしょう》数十万の軍がこの地に入ると、秦は陵墓造営の労働に従事していた刑徒に武器を持たせて戦わせた。陵墓造営の指揮を執っていた文官の少府の章邯《しょうかん》が、にわかに将軍として戦うことになる。こうして兵馬俑坑は未完成に終わった。三号坑の指揮をする唯一の戦車には御者を含めて三人の軍官がいるが、将軍の姿はない。あるいは二号坑と三号坑の間にある大きな四号坑に、真の将軍の幕府全体を築こうとしたのかもしれない。

　まだまだ謎の多い、始皇帝の兵馬俑。完成形を見たいものである。

秦王の信頼を得た宦者たち

嫪毐《ろうあい》が秦王の軍と都咸陽で激戦となったときに、嫪毐軍は二種類の兵士を動員した。一つ目は、秦王の御璽《ぎょじ》と秦王の母（あるいは華陽太后《かようたいごう》）の太后の璽を不法に使用して動員した県卒《けんそつ》（内史の県所属の歩兵）、衛卒（近衛の歩兵）、官騎（騎兵軍）という国の正規軍であり、もう一つはみずからの養っていた舎人であった。嫪毐はもとの魏地の占領郡河東郡《かとう》（のちに河内郡《かだい》）の山陽を領地とし、さらにもとの趙地の占領郡泰原郡《たいげん》に国を持っていて、舎人にはそこを警護させていた。かれらは秦国にではなく、嫪毐に対して忠誠を誓って主人の家を守る人々であった。

一方の秦王側で戦った軍には、相邦の昌平君と昌文君が率いる兵卒がいて、嫪毐軍に対して斬首数百という戦績を挙げ、その功績で爵位を与えられた。ほかに宦者という人々もいて、かれらにも爵一級の恩賞を与えたという。

この宦者は、いわゆる去勢された宦官《かんがん》と見ると、なぜ後宮に仕える宦官が戦闘にまで駆り出されたのか理解に苦しむ。『史記』秦始皇本紀の始皇九（前二三八）年の記述では、嫪毐側の軍の方が秦王軍よりも圧倒的に強力に見える。秦王側が兵卒と宦者だけでなぜ優勢に戦い得たのであろうか。これまで納得できる説明はされてこなかった。

宦者のなかには刑罰で去勢された宦官も含まれていた。『史記』に見える嫪毐個人に言及した記事を読むと、たしかに宦者は宦官である。「呂不韋乃ち嫪毐を進め、詐《いつわ》りて人をして腐罪を以てこれを告す」「太后乃ち厚く腐者を主る吏《つかさど》に賜い、詐りてこれを論じ、その鬚眉《しゅび》を抜きて宦者と為し、遂に太后に侍るを得」「嫪毐は実は宦者に非ず、常に太后と私乱し、子二人を生み、皆これを匿すと告あり」とあるように、いわゆる刑罰を受けて去勢された者で後宮に仕えるのが宦者であることがわかる。注意すべきことは、後世の宦官はみずから去勢をして宦官になる者（自宮宦官といわれている）がいたが、嫪毐のこの話からも、秦の時代は腐罪という去勢の罪になったものが、刑徒の身分で後宮に入っていたことがわかる。

刑罰としての去勢を意味することばは、「宮」あるいは「腐」という。宮は去勢して宮室に閉じ込める意味であり、腐はまさに去勢することを直接に表現するものである。

嫪毐は宦者と詐った成人男子であるが、腐罪の宦者が嫪毐側の正規軍と戦ったわけではなかった。中国史学者の西嶋定生《さだお》はかつて、宦者はすべて宦官であるとし、秦王側から宦者が参加したとは考えられないから、嫪毐側から内応した宦者、もしくは密告者であった宦者であったかもしれないと解釈した（西嶋定生「嫪毐の乱について」『中国古代国家と東アジア世界』東京大学出版会、一九八三年）。

実は宦者のなかには刑徒身分の去勢宦官も含まれていたが、宦者は官吏とは区別された皇帝の側近であり、嫪毐の乱では皇帝側近の武人の宦者が秦王側で果敢に戦ったのではないだろうか。宦者こそ、秦王がもっとも信頼していた侍臣（いわゆる家臣にあたる）であったかと思う。

宦の文字には仕える、官吏となる意味があり、去勢する意味は本来ない。宦游《かんゆう》（他国で役人となること）、宦学（仕官の心得）、宦籍（王や皇帝に対面できる官吏の名籍）などのことばはいずれも官吏になることに関連している。とくに「宦皇帝」ということばは、皇帝の最側近として仕えることをいう。

宦籍は官吏一般の名簿ではなく、とくに皇帝の側近の宦者の名簿であり、そこに名前を記載されていた人々は、皇帝の身辺を自由に出入りできた。それだけに、宦者は官吏よりも主人の皇帝との関係が深い。

始皇帝の側近の趙高も、中車府令として皇帝巡行時の乗輿《じょうよ》（車）と皇帝の符璽《ふじ》（割り符と玉璽）を管理し、皇帝の身辺には自由に出入りすることが認められていた。そして大罪を犯して蒙毅《もうき》に死罪を下されたときに、宦籍から除かれている。

始皇帝が巡行の途中で亡くなったときには、棺は轀輬車に載せたが極秘にされ、宦者だけが参乗を許された。皇帝の死を知る者は、宦者に限られていたのである。始皇帝の末子の胡亥、趙高、丞相の李斯のほか、宦者を含めて五、六人しか皇帝の死を知らされていなかったという。

近年、出土簡牘《かんどく》史料に宦の文字がしばしば見られる。そこには吏と宦が対比して見える。宦は宦皇帝ともいい、とくに皇帝の侍臣を指し、具体的には中大夫、中郎、外郎《がいろう》、謁者《えっしゃ》、執楯《しつじゅん》、執戟《しつげき》、武士、騶《すう》（前後の従者）、太子舎人（王、皇帝には舎人はいないが、太子には舎人がいた）などを指すという[*6]。張家山漢簡は前漢呂太后《りょたいこう》政権時の律令であり、秦の律令の系譜を受けているので、秦の時代にもさかのぼってもよい。秦王軍の宦者も後宮の宦官ではなく、秦王側近の近臣集団をイメージしてもよいと思う。隠密行動では嫪毐の正規軍を凌ぐ働きをしたと考えてもよいだろう。

虎狼の心　――冷酷な始皇帝像が伝わった背景

始皇一〇（前二三七）年、魏の大梁《たいりょう》の人である尉繚《うつりょう》が、次のような言葉を述べている。

「**秦王の為人《ひととなり》、蜂準長目、摯鳥《しちょう》の膺《よう》、豺《さい》声、恩少なく虎狼の心**」

秦王の顔は鼻が高く切れ長の目、クマタカのような胸、ヤマイヌのような声、恩情がなく虎狼《ころう》の心を持っていると表現している。秦王の容姿を具体的に述べたことばはほかになく、貴重な史料ではある。劉邦に従った樊噲《はんかい》が「秦王には虎狼の心有り」（項羽本紀）と言ったのも、伝聞によるものであろう。

虎狼の心とは、冷酷な秦王政を表現したものであるが、実はもともと秦王嬴政個人のことを指す言い方ではなかった。

楚の懐王《かいおう》（在位前三二八～前二九九）の時、楚の昭睢《しょうしょ》は懐王が秦の昭王に呼ばれて秦に赴くことに反対した。「**秦は虎狼、信ずる可からず、諸侯を并《あわ》すの心有り**」（楚世家）といい、虎狼は始皇帝の曽祖父である昭王のことを指している。

ほかに、魏の信陵君《しんりょうくん》無忌《むき》が魏王に「**秦は戎翟《じゅうてき》と俗を同じくし、虎狼の心有り**」（魏世

＊6　閻歩克「論張家山漢簡《二年律令》中的〝宦皇帝〟」『中国史研究』二〇〇三年三期。

家）と述べたことばも昭王の時代の秦人であり、昭王のことを指している。それよりも前、合従の蘇秦《そしん》が楚王に述べたことばにも、**「秦は虎狼の国にして天下を呑む心あり。秦は天下の仇讐《きゅうしゅう》なり」**とあり、これは昭王の父・恵文王《けいぶんおう》の時代のことばであろう。

秦の恵文王以前、孝公《こうこう》の時代には虎狼の国とは言われず、虎狼として恐れられる以前、秦は「未開の国」と考えられていた。恵文王の時代に合従家の蘇秦によって「秦は虎狼の国」というイメージが作られ、始皇帝の曽祖父・昭王の時代には、「秦は虎狼の国」に加えて「昭王自身も虎狼の心」というイメージが作られた。

秦王（始皇帝）を虎狼の心とした前出の尉繚は秦にとって外国人であり、東方人の立場で連衡《れんこう》を主張した。従来の合従家の常套句を用いたまでであって、直接秦王を観察して述べたわけではなかった。

ちなみに『趙正書』には、最後の巡行で重篤になった秦王（始皇帝）による、「虎狼の心」とは対極の本音をさらした心が語られている。

「天命は変えられないのだろうか。これほどの病になったことはない。悲しいことだ」

「自分の天命を見ると、五〇歳で死ぬことになっていた。一四歳を前にして即位し、三七年経過した。今年が死の年に当たっているが、その月日はわからない。天下に出游《しゅつゆう》し、運気を変え、天命を変えようと思うが、かなわないだろうか」
脚色があるにしても、こうした繊細な心模様は事実に近いのではないかと思われる。

秦王の隠密行動

始皇帝は秦王の時代、三回も戦場を訪れたことが『史記』秦始皇本紀に記されている。一般に、王自身が危険な戦場にまで足を運ぶことはない。何らかの意図があっての行動である。

史料を見てみよう。

始皇一三（前二三四）年「**王之河南**（王、河南《かなん》に之《ゆ》く）」、

始皇一九（前二二八）年「**秦王之邯鄲、諸嘗與王生趙時母家有仇怨、皆阬之**（秦王、邯鄲に之《ゆ》き、諸《およ》そ嘗《かつ》て王の趙に生まれし時の母家《ぼか》と仇怨《きゅうえん》有らば、皆之《みなこれ》を阬《こう》す）」、

始皇二三（前二二四）年「**秦王游至郢陳**（秦王游びて郢陳《えいちん》に至る）」

という一連の記事である。

始皇一三年の秦王の隠密行動は、秦の桓齮《かんき》将軍が趙の平陽を攻撃し、趙の将軍扈輒《こちょう》を殺

し、その部隊一〇万を斬首したときである。河南は、秦の占領郡・三川郡の雒陽《らくよう》にある。桓齮将軍の背後で、前年に自殺した呂不韋を弔うために密かに雒陽を訪れたのではないかと考えられる。

「之《ゆ》く」という動詞は一般に使う表現であり、王の行動を特別に尊敬したものではない。隠密の行動であり、秦王に同行したのは、正規軍ではなく宦者の少数部隊であったと想像できる。

戦場ではないが、始皇三一（前二一六）年の夜、秦王が密かに正殿を抜け出して、近くの蘭池《らんち》で盗賊に襲われたことがある。この時、秦王に同行していたのは武士四人。かれらは盗賊を殺したが、関中を二〇日間も大捜索したという。この「武士四人」はまさに皇帝の身辺警護の鍛えられた武人であり、さきの臨終時の「宦者五、六人」に符合する。

始皇一九年は正規軍の王翦《おうせん》と羌瘣《きょうかい》が趙の地の東陽《とうよう》をことごとく平定し、趙王を捕らえたときのことである。秦王嬴政はかつて邯鄲に生まれ幼少期を過ごしたときに、母の家に匿われたが、当時自らを迫害した者を探し出して穴埋めにした。

三二歳にして九歳以前の記憶を思い起こし、わざわざ占領地まで危険を冒して赴く。このような君主の行動は、ほかに聞いたことがない。趙の国に対する復讐心の強さが感じられる。そして当時の戦争そのものが正義の御旗《みはた》のもと、その背後に君主個人の意志の強さがあったことを見てとることができる。

始皇二三年も、正規軍の王翦が楚の旧都の陳《ちん》から南を占領し、荊《けい》王（楚王）を捕虜にした直後に秦王はわざわざ現地に赴いた。この歳の四月、楚に戻っていた昌文君が亡くなっていたことが、出土史料の睡虎地《すいこち》秦簡の『編年記』にのみ記されていた（「廿三年四月昌文君死」）。かつて嫪毐の乱のときに秦王軍側で貢献した人物である。呂不韋の時と同様、弔う目的があったかもしれない。

ここでは秦王の行動を「之く」ではなく「游ぶ」と表現している。「游ぶ」とは「遊ぶ」と同じであるが、遊戯の「あそぶ」意味ではなく、遠方に出かける意味で用いる。古代では遊（道を歩く）よりも游（川に浮かぶ）の字の方が一般的に使う。現代中国語でも「旅游（旅行）」「游覧（遊覧）」「游客（旅行客）」などと日常的に使用する。

秦王は皇帝になってからも、臣下を引き連れた地方の巡行を「游」という動詞で表現している。だが、前漢の簡牘の『歳記』[*7]の年代記では「**卅二年行在楬石**（行は碣石《けっせき》に在り）」

と書き換えている。「行」というのは戦時ではない巡行であり、皇帝一行を表現したことばである。戦時の隠密では「行」とは言わない。

「游」は隠密ではなく臣下の官吏を帯同し、その場で政務も行う示威行動である。秦王が郢陳《えいちん》に入ったのは、抵抗する楚の側に対する政治的示威行動であったと思われる。

前出の「王之河南」「秦王之邯鄲」「秦王游至郢陳」という秦始皇本紀の記事は、司馬遷《しばせん》の文章ではなく、司馬遷が依拠した『秦記』（現存はしない秦の史書）の原文をそのまま写したものと思われる。「之」と「游」の使い分けにまで考慮して史料を読み取ると、秦王の行動がよく見えてくる。

弟・成蟜の反乱

始皇八（前二三九）年に起こった秦王の異母弟の長安君成蟜《せいきょう》の反乱は、謎が多く、なぜ王の弟がわざわざ軍を率いて趙を攻撃しなければならなかったのか、そしてなぜ趙に到着する前に反乱を起こして亡くなったのか、わからないことが多い。

秦始皇本紀の始皇八年の記事は、わずか五〇字で意味不明の箇所が多く、秦の側の史書『秦記』を引用したものの、文字の誤写（文字を間違えて写す）や断簡（竹簡が断絶してしまう）や錯簡《さっかん》（竹簡の順序が入れ替わってしまう）の可能性がある。無理に読もうとすると、史実から離れてしまう。

史料の読み方は、①錯簡・断簡があるので、無理に非文法的には読まない。②始皇八年の前後の歴史の流れから読む。③秦側の記録では、秦王にマイナスになる身内の弟の内乱の真相は正しく残さない。この三つの原則を立ててから、秦の側で五〇字で何を語ろうとしているのか、そのうえで五〇字から読み取れる史実を推測することにする。

ここではまず全文を、内容から見て四段落に分けて掲載する。年号の（始皇）八年を入れると、五二字となる。

①八年王弟長安君成蟜将軍擊趙反死屯留
②軍吏皆斬死遷其民於臨洮
③將軍壁死卒屯留蒲鶮反戮其屍
④河魚大上輕車重馬東就食

＊7　二〇一八年湖北省荊州胡家草場で出土した前漢簡牘のなかにある一六五枚。

それぞれの文を、可能な範囲で読み解いてみよう。

①秦王の弟成蟜は軍を将《ひき》いて趙*8を攻撃することになったが、反乱を起こして上党《じょうとう》郡の屯留《とんりゅう》の地で亡くなった。上党郡はもと韓の地であったが、すでに秦の占領郡となっていた。

②成蟜の反乱に従った軍吏（軍官）は斬刑となり、反乱が起きた秦占領下の屯留の民も責任を問われ、西の辺境の臨洮《りんとう》に遷《うつ》された。屯留の民はもとの韓の民であったので、こうした処置をとった。

③のここの文章には錯簡があり、歴代の注釈者は無理に読んで異説がある箇所である。無理に読むと、「将軍壁死す。卒の屯留、蒲《ほ》鶮《かく》反して、その屍を戮《りく》す」と読み、「将軍（反乱した成蟜を追った人物）の壁（人名）が死去した」のか「将軍（成蟜のこととする）が壁死（防塁で自害）した」のか、解釈が分かれる。筆者は後者であると考えている。

それに続く「卒の屯留、蒲鶮」の意味も、反乱を起こしたのが「屯留と蒲鶮（地名）の卒」なのか、それとも「屯留（地名）の蒲鶮（姓名）の卒」なのか二通りの解釈ができるが、そもそも「卒の」を「の卒」とするのは、文法的に成り立たない。

①②④の部分は、文法的に素直に読めるのだが、③の部分は、①②で出てきた死と反の字が重複して出てくるので読みにくい。無理に読まずに内容をとらえると、成蟜の乱をき

っかけに、屯留の地で秦に駆り出された卒（兵士）の間で反乱が起こり、遺体はそのまま放置されたのであろう。

④は、「河（黄河）の魚、大いに上る。軽車、馬を重ねて東に食に就く」と読む。黄河が洪水を起こしたため、魚が渭水《いすい》をさかのぼってきた。被災民は車馬を飛ばして食糧を東に求めた。

始皇八（前二三九）年以前の情勢は、明らかに始皇六（前二四一）年の五国合従軍の寿《じゅ》陵《りょう》への侵入が起点となり、秦は東方へ積極的に侵略をしている。そのようななかで始皇七（前二四〇）年には将軍蒙驁が亡くなった。秦は東方へ侵略する明確な口実が出来た。

こうした状況下で、翌始皇九（前二三八）年には秦王二二歳、成人式に関係して嫪毐の内乱が起きている。嫪毐と秦王の母との関係が発覚して、二人の間には二人の子、つまり秦王の義弟がいたことがわかった。

秦人は一七歳になれば、徴兵され、戦地に出された。反乱の年、秦王は二一歳で、弟の

＊8　将軍とは読まない。『漢書』五行志では①の文章だけを引用し、将軍を将兵（兵を将いる）と書き換えている。

成蟜はそれより若い。成蟜が王室の人間でありながら、本人の意志とは別に趙との戦争に出されたのであろう。そのため、戦う前に上党郡（すでに秦の占領地）の屯留の地で反乱を起こしたのだと考えられる。

結果的に、成蟜とともに戦地に向かった軍吏は責任を取って斬刑に処せられた。民は屯留の民（もとの韓の民）であり、成蟜の乱に加わったわけでもないのに遥か西の臨洮《りんとう》県に流された。成蟜が「屯留に死す」というのは、反乱罪で死刑にしたとは言わないところに秦側の記録の特徴がある。王弟の身分で反乱を起こせば、死刑ではなく、剣や毒を与えて自害をさせる。成蟜の死とは戦死ではなく、そのようなものであったのだろう。

しかし、成蟜が反乱を起こした理由がまったく述べられていないことが気になる。③の内容を考慮すると、もとの韓の地である屯留と蒲鶮の地では、おそらくは成蟜の乱をきっかけに秦に対する反乱が起き、反乱者の遺体は埋葬されずにそのまま放置されたのだろう。成蟜が本当に屯留の民と結託して反乱を起こしたのか、史実はわからないが、成蟜が屯留の反秦の動きに巻き込まれた可能性は大いにある。

成蟜以外の秦王嬴政の兄弟は、史書には見えない。嬴政が二一歳のときに唯一の弟（異母弟）が亡くなり、嬴政は孤独の身で生きていくことになる。嬴政には二二人の子供がいたが、嬴政の王后や夫人の名前は史書にはまったく見えない。嬴姓一族の宗室の存在はうかがえるものの、嬴政の支えになった形跡はない。嬴政はその分有能な近臣を取り立て、頼りにしたのである。外国人を追放する逐客《ちくきゃく》令《れい》を推進したのは秦王の宗室と大臣であったが、対抗したのが李斯であり、少数派であった。嬴政が少数派である李斯の意見に従い、逐客令を取りやめたことからも、その信頼の大きさがうかがえる。

戦略を練る「廟算」

秦王が天下を統一して皇帝号の採用の議論をさせたときに、かれ自身こう回顧している。「寡人（徳の少ない人という謙譲の自称）は眇眇《びょうびょう》たる身（小さな身）でありながら兵を興《おこ》して（六国の）暴乱を誅する（制裁する）ことができたのは（秦の）宗廟《そうびょう》の霊のおかげであり、六王はみな罪に服して天下は大いに平定された」

秦王の頼りにした宗廟とは、歴代の秦公（諸侯）と秦王の位牌を置いて祭祀《さいし》する場所であり、このときは古都雍城《ようじょう》と咸陽に分散して置かれていた。

始皇帝はかつて成人の儀を雍城で行っており、主に頼りにした宗廟の霊力とは、二九四年間で二〇人もの秦公の位牌を集中的に納めていた雍城の宗廟のものであったのだろう。秦王自身の活力となっていたことは間違いない。

中国古代では、宗廟は軍事・外交と関係が深い。春秋時代、将軍は廟《びょう》（宗廟）で命令を受け、社（社稷）で祭肉を受けた。*9

『孫子』計篇《けいへん》に見える「廟算」ということばは、戦争の前に先祖の廟の前で戦闘の勝算を謀《はか》ることであり、これが実戦の勝敗を大きく左右した。廟策、廟謀、廟略ともいう。

廟算も勝算も、同じ系統のことばである。私たちにとっては勝算ということばの方が慣れており、「勝算のない戦争」や「勝算のない試合」といったように用いている。現代中国語でも「勝算 shèng suàn」は常用されており、もとはやはり『孫子』計篇の「**多算勝、少算不勝**（算多ければ勝ち、算少なければ勝たず）」に由来することばである。

宗廟は戦争の前には命《めい》を受け、後に戦果を報告する場所であったから、実際に戦争を算段する空間があったのであろう。そして廟算の算はまさに算木を使った算数計算をいい、戦術にも算数が必要であったことを示している。近年になって秦王嬴政の祖母、荘襄王の実母の夏太后《かたいごう》の墓が発掘され、そこから白色（一本）と紅白（二九本）と紅黒《こうこく》（二八本）に彩色された象牙製の算木が出土している。[*10] 紅白は正数、紅黒は負数を表していると考えられる。六博《りくはく》などの盤上戯にも点数計算で算木は用いるが、算盤が普及する前は、複雑な算数計算のために必要な工具であった。

岳麓《がくろく》秦簡[*11]の『算数書』（原題は『数』）から、戦争における計算の例を挙げてみよう。始皇帝の時代、秦の官吏は戦争に関わる計算を行っていた。

「卒百人、戟十、弩五、負三、問うに各幾何を得んや」

この設問の意味は、一般兵士一〇〇人に戟兵《げきへい》と弩兵《どへい》と負養兵（軍糧運搬の補給兵）を一〇、五、三の割合で動員するとしたら、それぞれの人数はいくつになるかというものである。

その解答は、次の通り記されている。

「得て曰く、戟五十五人十（八）分人の十、弩廿七人十八分人の十四、負は十六人十八分

---

*9 『春秋左氏伝』閔公二年（前六六〇）。

*10 郭妍利・李振飛「神禾原戦国秦陵墓出土塗色算籌初識」『考古』二〇二三年一一期。

*11 二〇〇七年湖南大学岳麓書院が購入した非排出の竹簡二一七六枚。

人の十二」

答えは、戟兵が五五人と一八分の一〇人、弩兵が二七人と一八分の一四人、負養兵が一六人と一八分の一二人となる。正確な比例計算をするために端数まで出している。

しかし単なる計算以上に、戟兵と弩兵の割合を二対一に配分することや、一〇〇人の兵士の軍糧を運搬するための兵士を一定の比率で配していることに関心がいってしまう。始皇帝の兵馬俑坑には戟兵、弩兵と騎兵、戦車兵が見られる。弩兵と弓兵は最前列に並び、後方には戟兵が密集してならぶ。効率的な割合は、算数の計算で出していたのである。

前出の史料では、さらに負養兵の運搬する穀物・食糧についての別の計算問題が続く。一人では米《まい》[*12]（精米）一〇斗、粟《ぞく》（籾米）一〇斗、食（調理米）一〇斗[*13]をそれぞれ背負うことができるが、一緒に包んで三人が同じ重量になるように背負う場合、それぞれ何斗となるか。米、粟、食は同じ容積でも重量が異なるので、この設問では、仮に同じ重量にした場合のその容積の合計が三〇斗になるにはどうすればいいのかを導くことになる。ちなみに、三〇斗すなわち三〇〇升は日本の三〇升、三〇〇合となるので、単純に三〇〇人分の、一食あたりの分量となる。負養兵一人が三〇〇食、一六人であれば一〇〇人の兵士の四八〇

○食分を運搬する計算となる。一日二食で約一ヶ月の行軍に耐えることができる。

史料には、それぞれの重量が記されていないので計算過程は定かではないが、解答は、米一四斗と七分の二斗、粟は八斗と七分の四斗、食は七斗と七分の一斗と記載がある。重量では、食の二斗はちょうど米の一斗に当たる（同じ重量の米と食は、容積では倍となる）という。食とは穀物を蒸して乾燥させた携帯食（乾食《かれいい》）であろう。同じ重量でも、精米と比べて調理米は水分を含んでいるので、容積は倍になる。私たちも現在では米を重量で購入するが、炊くときは容積の合で計量する。当時も穀物の脱穀の前後と調理後の容積、重量の換算は戦時における運搬上重要であった。戦時における算数計算はここまで精緻であったのかという印象をもつ。

王翦・李信両将軍の廟算

秦王（三六歳）と老将王翦《おうせん》、壮年将軍李信《りしん》の対楚戦をめぐる駆け引きが、王翦列伝に詳

＊12　米は北方では粟（あわ）、南方では稲

＊13　合計三〇斗の容積。一斗は一〇升で、一升は日本の一升の一〇分の一の、一合程度に当たる。

しく記されている。秦王は二人を呼び、楚を攻めるのに必要な兵数を尋ねた。李信は二〇万で十分といい、王翦は六〇万でなければだめだと答えた。王翦は戦う前から綿密に廟算した数値を出したのであろう。しかし秦王は李信に任せ、王翦は病気を理由に帰郷した。

筆者はこれまで、老獪《ろうかい》で経験豊富な王翦だから六〇万、李信の若さゆえの過信が二〇万という数字を漠然と挙げたのだと考えていた。しかし六〇万には確固たる根拠があったのだと考えるようになった。

秦と楚は、あい拮抗する軍事力をもち、帯甲（よろいの武装兵）一〇〇万、戦車一〇〇〇乗、騎兵一万匹（馬の数）の大国であった。相違点は、秦の本土は地方二五〇〇里の四塞の地に対して、楚は地方五〇〇〇余里の広大な土地を持つことである。

一〇〇万の軍事力をもつ本土の秦から六〇万も楚に動員することは、これまでには出来ない作戦であった。しかし当時の状況は、三晋とよばれた中原の三国（韓・趙・魏）はすでに滅んでおり、残されたのは燕・斉と楚であった。本土の秦を守る兵士を総動員して、軍事大国楚に向けようとしたのである。

李信のいう二〇万も計算された数字であるが、王翦は楚の一〇〇万に対抗するには無謀と考えたのであろう。案の定、二〇万の李信軍は楚軍に敗れた。二〇万をさらに李信と蒙恬の二軍に分割して攻める作戦はうまく機能せず、三日三晩昼夜を舎《お》かず果敢に攻めてきた楚軍に敗北した。

岳麓秦簡の『算数書』には、兵士の徴発に関する設問があった。

「凡そ三郷に、其の一郷より卒千人、一郷より七百人、一郷より五百人とすれば、今、上は千人に帰し、人数を以てこれを衰せんと欲すれば、問うに幾何より幾何に帰せん」

三つの郷《きょう》からの動員の比率を千対七百対五百（一〇対七対五）として上限を千人とした場合、それぞれ何人となるか。その解答は、四五四人と二二〇〇分の一二〇〇人、三一八人と二二〇〇分の四〇〇人、二二七人と二二〇〇分の六〇〇人となっている。四五四人と三一八人と二二七人を足せば九九九人、分数分は足せば一人となり、合計千人となる。一家族から成年男子を一人か二人徴発する場合、郷ごとに動員数は異なるので、それを考慮した計算である。

前出の六〇万は概数ではあるが、この『算数書』のような王翦の計算結果の数値であり、畿内の兵士を総動員するのは大きな決断であったと思う。設問の千人の六〇〇倍で、六〇万となる。六〇万は概数でも、内史（畿内）の県（三一県から四一県ほど）の下の郷からは、人口に応じた端数の数字を出さなければ負担の平等にはならない。一県に五郷（県城にある都郷と東西南北の郷）あるとすれば、四一県で二〇五郷。一郷につき千人なので、二〇万五千人となる設問の数値は、李信が提示した二〇万に相当する。王翦はその三倍の動員を要求したのであるから、文字通り総動員であった。

さきに秦王は王翦に、将軍の「計」を用いなかったために李信が秦軍を辱める結果になったと謝った。再度六〇万でなければだめだと念を押す王翦に、秦王は将軍の「計」を聴くのみだと述べている。この「計」とは漠然とした軍の「計略」というよりは、六〇万という数値をはじき出した「計算」を指しているのだろう。

秦王は、咸陽からわざわざ東の灞水《はすい》のほとりまで赴き、六〇万の軍を見送った。列伝ではその理由は述べられていないが、灞水を渡ると驪山《りざん》（標高一三〇二メートルの山岳）があり、その山麓には曽祖父・昭王と、父・荘襄王の陵墓である東陵と廟があった。みずからの陵墓も驪山北麓に建設中であった。秦王は、茝陽《しよう》県が管轄するこの東陵の先王廟に王翦と兵士たちを拝礼させ、戦地に向かう決意を固めさせたのかもしれない。

王翦軍はそのあと「関」を出たと記されている。対楚戦なので、この関は函谷関《かんこくかん》ではなく南の武関であろう。武関であれば、莤陽にある先王二廟は通り道である。半世紀前の昭王の前二七八年に楚都・郢《えい》を陥落させたのは、白起将軍であった。王翦将軍は、昭王廟で同じ秦の内史出身（郿《び》県）の白起の事績を思い起こし、対楚戦の手本としたのではないだろうか。

王翦は、秦の本土を守る六〇万もの兵士を配下に置いて関外に出すことに、秦王が疑いを持つことを懸念した。そこで、わざと事前に行賞を求め、秦という国家に反する気持ちがないことを示した。王翦は灞水の地で秦王に直接、子孫のために美田（肥えた土地）・邸宅・園池を残したいと訴え、秦王に笑われた。秦王と別れた後は、関所にいたるまで五度も使者を都に送って善田（美田と同じ）を請うた。このときの秦王は、王翦の裏までは読めなかっただろう。

王翦は都咸陽東北の頻陽《ひんよう》県東郷で育ち、若いときから兵事が好きであった。配下六〇万の兵士からの信頼は厚かったと思う。楚軍が攻めてきても正面から向かわず、まず引いて防塁を固めて立てこもった。

秦軍にとって対楚戦の不利な点は、長距離の行軍による疲労である。兵士たちには休養を十分に与え、洗沐《せんもく》*14（身体を洗い、髪を沐《あら》うこと）までさせた。食糧も十分に与え、王翦は兵士と同じ飯を口にした。持て余した時間に投石で距離を競うことに興ずる余裕の様子を見せた。遊びであっても、弩《いしゆみ》を引く筋力を鍛えるのに役立つ。

王翦は準備が万全と判断し、東に引いた楚軍を一気に追撃した。さきの李信軍とは異なり、六〇万の休養十分な大軍が団結して楚軍を攻めたことに勝算があったのであろう。こうして蘄《き》県の南で楚の将軍の項燕《こうえん》を殺し、都寿春《じゅしゅん》では楚王の負芻《ふすう》を捕虜とし、楚地は秦の支配下に入った。始皇二三（前二二四）年、秦王みずから楚の旧都の陳の地を訪れたと記録されている。王翦に任せた戦地への慰問であったのだろう。

*14　楚地は淮水の支流が多いので、河川での水浴か。始皇帝の一般兵士の俑を見ると長髪を結っているのがわかる。乾燥寒冷の秦から湿潤高温の楚に入ると、髷をほどいて洗うことが必要であった。

第二章

合従と連衡の戦争

合従と連衡

戦国時代の一国の存亡は、国家間の同盟にかかっていた。與国《よこく》ということばは、與（与）は「くみする」意味から同盟国を意味し、敵国のことばに対置する。

戦国時代の諸子百家の縦横家たちは、諸国をめぐって諸国の同盟をめざす自説を積極的に展開した。同盟と戦争を推進したのは文の丞相と武の将軍であり、外交の知恵を提供したのが游説《ゆうぜい》の士であった。游説の士がときに丞相となり、ときに自ら将軍にもなり、外交と戦争を実践していった。複数の諸国の丞相を交互に務めることや、複数の丞相を同時に務めることもあった。丞相は一国の行政の長であるが、それ以上に、外交を推進する長でもあった。

西方の大国・秦に対して東方六国の同盟の合従《がっしょう》を主張したのは、洛陽の蘇秦《そしん》（?～前三一七）であり、その弟の蘇代《そだい》、蘇厲《それい》も続く。一方、秦と東方の国の横（衡）の同盟を主張したのは魏の張儀（?～前三一〇）であった。

合従の「従」は縦の意で、東方六国の地は黄河と長江が織りなす大平原であり、そこに北は燕から南は楚まで、中間に韓・魏・趙、東に斉というように縦に国が並ぶ。そうした東方諸国の同盟を、縦の同盟、合従という。

一方の連衡《れんこう》の「衡」は度量衡の衡で、すなわち天秤ばかりの横木である。そこに載せるおもりを権という。銅権、鉄権などのおもりが出土しており、重いものは一石《せき》（三〇キログラム）もある。秦の領土の関中平原は天秤のように横に長いので、東方諸国との同盟を連横（衡）という。一国の秦の権と釣り合う東方の一国の権を求めた外交策である。見た目は均衡であっても、あくまでも東方諸国の合従を崩すための作戦であった。

合従を説く者を従人、連衡を説く者を衡人ともいう。後漢の班固《はんこ》の『漢書』芸文志には、戦国から前漢までの縦横家《じゅうおうか》として一二家を挙げており、蘇秦と張儀だけではなかった。

蘇秦と張儀の時代は、始皇帝の曽祖父・昭王（昭襄王）（在位前三〇七～前二五一）の父の恵文君（在位前三三八～前三二五）・恵文王（侯から王となる。在位前三二四～前三一一）の時代に相当する。しかし始皇帝の秦王の時代にも、秦は絶えず合従を阻止し、連衡を実現することに専念した。対六国戦における合従の敗北と連衡の勝利が、統一をもたらしたといえる。

合計すると、五回の合従軍が『史記』に記録されている。恵文王一回、昭王二回、荘襄王一回、秦王政一回である。

　恵文王初更七（前三一八）年には五国（楚・韓・趙・魏・燕）が秦を攻撃したが、勝利せずに戻っている（秦本紀では七年に韓・趙・魏・燕・斉が匈奴を率いて秦を攻めたとする）。昭王九（前二九八）年には、魏・斉・韓の三国が函谷関《かんこくかん》を攻撃した。函谷関は秦の東の玄関に当たる。昭王一一（前二九六）年にも、斉・韓・魏・趙・宋《そう》と中山《ちゅうざん》国の六国が秦を攻撃している。その後、荘襄王三（前二四七）年、魏の公子無忌（信陵君）が五国を率いて秦を攻撃した。

　そして秦王の始皇六（前二四二）年には、韓・魏・趙・衛・楚の五国軍が秦を攻撃した。このときには趙将の龐煖《ほうけん》が別に趙・楚・魏・燕の精鋭を率いて秦の蕞《さい》まで侵入した。この合従軍は、秦王の時代の最大の危機であった。このときに斉は合従軍に参加していない。

　その後に東方の六国（韓・魏・趙・燕・斉・楚）が一致して合従を結成することがなかったのは、秦王の外交策が成功していたからであろう。秦は連衡によって六国を分断しながら、東方の地に領土を拡大していった。

合従軍の侵入経路

五諸侯の合従軍とは、始皇六年の韓・魏・趙・衛・楚の五国から成る合従軍であり、秦の領内を深く攻めたが、合従側の失敗に終わったと記録されている。秦始皇本紀の記事は秦の側の史料『秦記』に従っているので、当然ながら深刻な事態であったとは記されていない。しかし合従軍の進路を見てみると、秦にとって非常に危うい事態であったようである。

『秦始皇本紀』における始皇六年の記事には、「**韓魏趙衛楚、共に秦を撃ち、寿陵を取る。秦兵を出し、五国の兵罷《や》む**」と簡単に記されている。合従軍に奪われた「寿陵」の地がどこかというと、唐の張守節による『史記正義』の注では、「**徐広云《い》うに『常山に在り』、按ずるに本趙邑なり**」と記載がある。東晋《とうしん》・劉宋《りゅうそう》の徐広《じょこう》（三五二〜四二五）の説明を引用しているのだが、この記述は誤りである。常山とは趙の国にある恒山《こうざん》という山岳のことで、太行《たいこう》山脈の北部にあり、合従軍の進路とはまったく方向が違う。そして『史記』趙世家には趙粛侯《しゅくこう》一五（前三三五）年に「寿陵を起こす」とあるが、趙を含めた五国軍が秦を攻めているのに、なぜ趙の寿陵を取ったのか意味が通らない。

後世、埋葬されていない陵を「寿陵」と言うようになるのだが（唐の司馬貞《しばてい》『史記索隠』孝景本紀）、これを考慮すると、合従軍の奪った場所は趙の寿陵ではなく、あきらかに始皇帝の祖父・孝文王の陵の寿陵である。『史記』秦本紀には「**昭襄王卒《しゅっ》し、子孝文王立つ**」とあり、秦始皇本紀に付された『秦記』によれば、「**孝文王享国《きょうこく》一年、寿陵に葬らる。荘襄王を生む**」とあり、孝文王の陵墓が寿陵であることがわかる。孝文王の陵墓は都咸陽の東南、現在の西安市にあり、墳丘が残されている。なぜこの秦の寿陵ではなく、趙の寿陵と考えてしまったのかわからない。

合従軍が、孝文王の陵墓の地を奪った理由は何なのか。敵方の王陵を攻めた前例として、昭王のときの秦の白起《はくき》将軍が楚の都の郢《えい》を占領したときに、楚の王陵の地上の廟を破壊した可能性がある。今回の秦を攻めた合従軍は、楚の考烈王《こうれつおう》が主導していた。秦の孝文王の寿陵を攻撃し、地上には陵廟があったので、これを破壊したとしてもおかしくはない。

そして、寿陵が秦の寿陵であるという大変有力な資料が出土した。西安で出土した一万三千件を超える秦の封泥《ふうでい》（結び目に粘土を押し、差し出し官庁の印を押して封じたもの）のなかに「寿陵丞印」があった。孝文王の子、始皇帝の父の荘襄王の陵墓を陽陵《ようりょう》といい、「陽陵禁丞」（禁は禁苑）の封泥も出土している。封泥は、陵墓を守る官吏が何らかの文書や物品を厳封して中央に送った証拠である。これまで、寿陵や陽陵という秦王の陵墓が、官吏によって行政的に管轄されていることは注視されてこなかった。始皇六年の合従軍の侵入後には、軍隊を駐屯させて守るべき場所となったのであろう。

孝文王の寿陵まで合従軍が入ってきた事態を何とか食い止めたが、秦の側の記録には「寿陵を取る」だけで、詳細な記事はない。

合従軍を率いた楚の考烈王は、三年後の前二三八年に亡くなった。くしくも王を一心同体で支えてきた春申君黄歇《しゅんしんくんこうけつ》が、趙人に殺された年である。

二〇二四年四月、寿春にある武王墩《ぶおうとん》一号墓の四年越しの発掘成果が国家文物局から発表された。巨大な陵墓であり、考烈王の陵墓と推測され、直径八八センチメートルもある青銅の鼎《かなえ》が収められていたことも注目される。

かつて春秋時代の前六〇六年、楚の荘王《そうおう》は周の定王《ていおう》に対して鼎の軽重《けいちょう》を問い、周王の権威を疑ったことがある。戦国時代に入ると、楚王は大きな鼎を鋳造して権威を誇ったが、武王墩一号墓のものは特に大きく、合従軍の長となった考烈王の威信を象徴しているかのようである。

龐煖率いる別働隊の脅威

この五ヶ国の合従軍には別働隊があった。『史記』趙世家には趙の悼襄《とうじょうおう》王四年（始皇六・前二四一年）、「**龐煖《ほうけん》、趙楚魏燕之鋭師、秦の蕞《さい》を攻むるも、抜かず。移して斉を攻め、饒《じょう》安《あん》を取る**」という記述がある。ここでいう「蕞《さい》」とは、『史記集解《しっかい》』には「**徐広曰く、新豊《しんほう》に在り**」と記されている。徐広の典拠はわからないが、こちらの徐広の注は、蕞に関する唯一の史料として重要である。新豊《しんほう》とは『漢書』地理志によれば、首都長安のある京兆《けいちょう》尹《いん》の県名であり（首都圏では郡とはいわない）、秦の驪邑《りゆう》（麗邑）が高祖七（前二〇〇）年に新豊県に改められた。つまり始皇六年の蕞の地は、のちの驪山《りざん》の北麓の始皇帝陵（酈山）に隣接して置かれた陵邑《りょうゆう》（陵墓を守る都市）の都市・麗邑の地であった。

前出の徐広は『史記音義』を著し、『史記』のテクストによる文字の異同、地名、人名考証など『史記集解《しっかい》』にその文章が引用されている。始皇帝の事績への発言はとても役に立つ。蕞が漢代の新豊県につながるという指摘は信頼できる。

蕞の原義は「草の集まるさま」であり、まさに驪山北麓の原野の集落であった。龐煖の鋭師がたんなる一集落を狙い撃ちにすることはありえない。おそらく秦王の陵墓の予定地になる情報を得ていたのであろう。

日本に伝わる『史記』の宋元時代の古い刻本（印刷本）のテキストには、「攻秦圍蕞（秦を攻めて蕞を囲む）」とあり、「圍」（囲の旧字体）の字が入っていた。一般に流布している明清時代の版本より古いだけに、一字を加えて読んだほうがよい。囲むと言っているので、蕞とは一定の住民を擁した城郭をもった県であったのだろう。

『史記』秦始皇本紀によれば、始皇一六（前二三一）年に「秦は麗邑を置く」とあり、このときに蕞県は「麗邑」と改められたことになる。合従軍は秦王の陵墓の候補地を攻めたことになる。陵墓を守る陵邑の制度は始皇帝に始まり、前漢皇帝陵に受け継がれる。前漢武帝の陵墓茂陵《もりょう》は槐里《かいり》県の茂郷という集落名から命名され、茂陵に陵邑《りょうゆう》も作られた（唐顔師古《がんしこ》注）。蕞を攻撃されたことから、陵墓を守るための陵邑を置くことになったのだと考えられる。

龐煖の率いた鋭師とは精鋭部隊を指すが、四つの国（衛は入っていない）の軍隊を褒めたことばではなく、たんに機動力のある別働隊を指している。蕞の地と寿陵は近く、鋭師と五国軍の本隊とが連携した行動をとり、秦の重要な地を襲撃したのであろう。本隊が寿陵にあったからこそ、そこから鋭師が別働隊として蕞に向かったのだと考えられる。秦にとって見れば深刻な事態であった。しかし戦争の記録は、できるだけ自国の被害は過小に記録する傾向がある。

始皇六年の合従軍の侵入は、秦側の記録では軽微に扱われ、簡単に撃退したことになっているが、場所が場所だけに、当時一九歳だった秦王のトラウマになり、その後の行動に大きな影響を与えたことだろう。三九歳で天下を統一したときの秦王は、次のように当時を振り返っている。「魏王は始めは約して服して秦に入るも、韓、趙と合従して秦を攻めたことが秦との約束（連衡）に対する背信行動である」という。二〇年も前のことを持ち出したことからも、その傷の深さがうかがえる。

コラム　衡人と従人

『史記』蘇秦列伝では合従家蘇秦《そしん》に敵対する衡人《こうじん》について五ヶ所で語られ、『史記』張儀列伝でも連衡家張儀《ちょうぎ》に敵対する従人《じゅうじん》について五箇所で語られる。衡人と従人ということばは、それぞれが互いを非難することばであった。『戦国策』では横人と従

人として語られる。

蘇秦から見れば張儀は衡人、張儀から見れば蘇秦は従人であった。近年紹介された岳麓《がくろく》秦簡にも始皇帝の時代の律令のなかに従人ということばが見られ、あらたな事実もうかがえる。衡人と従人の戦いの様相を見てみよう。


縦の連携を説く蘇秦は、趙の粛侯《しゅくこう》、魏の襄王《じょうおう》、楚の威王《いおう》に衡人の非を語った。衡人は諸侯の地を割いて秦に与えようとしており、衡人は日夜「秦の権(権力)」を頼りに諸侯を脅して土地を奪おうとしている。衡人は「虎狼の秦」のために天下を侵略しようとしている者だという。衡人のことばに乗って秦に土地を与えてしまえば、臣下は国君に対する大逆不忠となる、と厳しい。これだけ警戒するということは、自説を主張するためではあるが、実際に衡人が趙、魏、楚の国に入り込んでいたことを示している。しかし衡人はみずから衡人と言っていたわけではなく、『史記索隠』でいうようにあくまでも「游説従横の士」であった。諸国は外交を効果的に進めるために、游説の士を積極的に受け入れていた。

一方の張儀も、従人について強く語った。従人を従者ともいう。かれらはことばを飾り立て、合従の利だけを主張して害を語らない。群羊（六国）が猛虎（秦）を攻撃するような無謀なものであり、国を危うくする。白馬を殺して兄弟の約束をする合従も虚構にすぎないという。

游説の士は、秦の側でしっかりと管理されていた。始皇帝の時代の秦には游士律（睡虎地秦簡）という法令があった。「游士が滞在中に符（身分証明書）を失ったら、その場所の県で貲《し》一甲の罰金刑（岳麓秦簡『数書』によれば甲《よろい》一領分の価格一三四四銭に相当）とする」とあり、游士は本国が発行した符を持っていれば、秦に入国して活動を認められていたのである

岳麓秦簡では、統一後も秦に反抗する従人が厳しく罰せられたことがわかった。捜査の対象となった従人は名前・族（姓）・年齢・身長・物色（容姿）・疵瑕《しか》（身体の傷）などを詳しく記した文書を県の役所に送り、従人だけでなく従人の属（親属）や舍人（従人の家屋に抱えていた者）らを捕らえ、また従人を匿った者も同罪とされた。従人として具体的に挙げられた人物には、故（もとの）趙将軍の楽突《がくとつ》の弟と、その舍人*1 綤《しょう》ら二四人がいて、かれらは完城《かんじょうたん》旦*2の刑で巴《は》県に送られて製塩の労働に当てられた。

また、故（もとの）代と斉の従人の妻子、同産（兄弟）、舍人、従人の女（むすめ）

で既婚者も捕らえられたが、巴県は送られる人が多くなったために、洞庭《どうてい》郡に送られたという。故魏、荊[*3]（楚）の従人も同じように罰せられた。この史料によれば、統一後も旧六国の趙、代、斉、魏、楚の秦に叛《そむ》く人々が従人として厳しく罰せられたことがわかる。

七国と「天下の地図」

合従家で知られる蘇秦は、秦の恵文王に初めて会った際、王を次のように説得している。その内容とは、秦は四塞《しそく》の地にあって天府の豊かさがあり、人口の多さと兵法の知識があれば、天下を併せて帝となることが出来るというものであった。恵文王が同意しなかったことから、蘇秦は六国の合従に転換し、合従の必要性を各国の

＊1　燕将楽毅の一族の楽乗は趙の武人で、楽突は史書にはなくその一族か。
＊2　始皇一九年に趙王遷が捕らえられたときに趙王家の嫡子の嘉が代という亡命政権を立て、始皇二五年に滅ぼされた。
＊3　秦は楚の国のことを荘襄王子楚の名を避けて同じ意味の荊と記した。

王に個別に説いた。燕文侯《ぶんこう》から趙粛《しゅくこう》侯、韓宣恵王《せんけいおう》、魏襄《じょうおう》王、斉宣王《せんおう》、楚威王《いおう》と回り、各国の地勢や軍事力や国力を冷静に分析した。

合従に合意させるためには、敵対する秦への恐怖感を抱かせる必要があったために、秦を「虎狼の国」「天下の仇讐《かたき》」と表現した。やがて説得された楚王の方も、「秦は虎狼の国にして親しむ可からず」と言って同調した。

蘇秦は「天下の地図」というものをしっかりと見て地勢を把握していた。紙のない時代、地図は帛《はく》と呼ばれた絹地に描かれていた。蘇秦はおそらくは「天下の地図」を広げながら、六国の王にそれぞれの地勢や軍事力の特徴を説明していたのだろう。

後に沛公劉邦が秦都の咸陽に入った際には、近臣の蕭何《しょうか》に、秦の丞相府にあった律令や図書を回収させた。そこには天下の阨塞《あいさい》(阨はけわしい、塞はふさがる意味で要害の地勢のこと)、戸口の多少(郡ごとの人口分布)と強弱の処(洪水など自然災害に強いか弱いかの地勢)、民の疾苦(疾病の発生状況)などが記されていた。

いまは残されていない『秦地図』には、「天下の阨塞」の山川の地形、郡県の都市名、さらに道路など交通網が記されていたのだろう。『漢書』地理志によれば、『秦地図』には代郡《だいぐん》の班氏《はんし》県という小さな県名までが記されていたという。

さかのぼれば戦国期の地図には、地勢図のなかに諸国の都市と国境、長城などが描かれていたはずである。長沙馬王堆《ちょうさまおうたい》の前漢墓から出土した帛画の駐軍図を見ても、地図上で駒を動かしながら軍略を練ったようである。地図は軍事にも必需品であったことはいうまでもない。

地形で見る七国の軍事力

各国の地理的状況は、戦いに大きな影響を及ぼしていた。秦の土地は山と渭水《いすい》に挟まれ、四方が塞がった四塞《しそく》の地であった。もっとも東に位置する斉も同様に、四方を自然の山河に囲まれた四塞の地である。

自然の障壁に囲まれていれば国土を守りやすく、国境の守りは要害の地に集中させればよい。秦は東の函谷関、斉は西の博関《はくかん》である。そのほかの五国は、河水（黄河）と江水（長江）の中下流域に広がる大平原（筆者は東方大平原と呼んでいる）にあり、四方を自然の要塞に囲まれてはいない。

張儀は魏王に、魏の領土は四平（四方に平ら）で四方の諸侯の地に広がっていて名山や大川に遮られていないため、ここを守るのは難しく、魏の地勢はまさに戦場であると表現した。そして東の斉、南の楚、北の趙、西の韓に攻め込まれたら、まさに四分五裂になってしまうと忠告している。

実際、戦国時代の魏ほど、国境が大きく移動した国はない。戦国時代〈前四〇三〜前二二一年〉の一八〇年を、一枚の地図で示すことはできないのである。

蘇秦の生きていた前四世紀後半には、東方の六国の諸侯の土地を合わせると、西方の秦の五倍であるという。

六国の面積は、「地は方何里」と表現し、今のように平方里とはいわない。燕と趙と斉は、同じ「地は方二千余里」である。これは二千余里四方、すなわち二千余里×二千余里の空間であり、二〇〇〇平方里よりもずっと広い。三国の面積は均衡しているが、その間に挟まれた韓は地方九〇〇里、魏は地方一〇〇〇里と三国と比べて国土は狭く、一方南の楚は地方五〇〇〇里と広大である。

蘇秦は、秦の国土は六国の五分の一程度だというので、方二五〇〇里程度であろう〈張儀は楚王に秦の国土は天下の半分、兵は四国に匹敵し、虎賁《こほん》〈虎が賁るように勇敢な兵士〉の士百余万という）。

秦の中央を東西に流れる渭水の長さは一八七〇里（『漢書』地理志、現在の渭河は八一八キロメートル、一里は四三七メートルとなる）であるから、秦の面積を二五〇〇里×二五〇〇里とするのは妥当であろう。魏の東方を流れる潁水《えいすい》は一五〇〇里（現在の潁河は五五〇キロメートル）、韓の東方を流れる洧水《いすい》は五〇〇里で、魏韓の国土の大きさに相応した河川である。

国境の均衡を大きく崩していったのが、秦であり、斉であり、楚であった。

斉は宋（前二八六）と長さ一一一〇里の泗水《しすい》流域の泗上十二諸侯（宋魯《ろ》衛邾《しゅ》〈鄒《すう》〉薛郳滕《せつげいとう》莒《きょ》任郯《たん》費《ひ》邳《ひ》など）を併合して拡大する。

楚が広いのは、淮水以北の小国群を滅ぼしたからである。夔《き》（前六三三）、江《こう》（前六二三）、六、蓼《りょう》（前六二二）、庸《よう》（前六一一）、舒《じょ》（前六〇一）、申《しん》、頓《とん》（前四九六）、胡《こ》（前四九五）、陳（前四七九）、蔡《さい》（前四四七）、杞《き》（前四四五）、莒（前四三一、泗上十二諸侯ながら楚に滅ぼされる）などの小国である。その後も越が呉《ご》を滅ぼすと（前四七三）、その越を滅ぼし、また魯（前二五六）も併合した。

七国の歩兵・騎兵・戦車

戦国時代の各国の軍事力は、歩兵、騎兵、戦車ごとの数で比較する。ちょうど始皇帝の兵馬俑坑に見る歩兵、騎兵、戦車と共通する。

歩兵では、燕・趙・韓・斉の帯甲（甲兵）は数一〇万（魏は武士二〇万ほか）で、楚と秦は帯甲一〇〇万の軍事大国である。

このうち魏については、蘇秦が魏の正規軍の武士二〇万のほかに、特殊部隊と後方支援部隊の存在を伝えている。蒼頭《そうとう》（蒼い頭巾の兵士）二〇万、奮撃《ふんげき》（勇敢に特攻する要員）二〇万と廝徒《しと》（雑役要員）一〇万。張儀は魏王の卒は三〇万を過ぎないと言っている。三〇万は、武士二〇万と廝徒、負養（重い軍事物資を運ぶ要員）を含んだ数である。武装した正規軍の武士のほかに、特攻部隊や武器も持たない後方支援の非戦闘要員がいることがわかる。

張儀は秦の部隊にも言及している。秦の正規部隊の帯甲百余万のほかに、虎賁の士（王を護衛する虎のように勇猛な兵士）、趹《と》跔《く》科《か》頭《とう》（素足で兜をつけない兵士）、貫《かん》頤《い》奮《ふん》戟《げき》（兜をかぶらず頤《あご》をさらして戟を振るう勇猛な兵士）などは数え切れないという。

始皇帝の兵馬俑は、歩兵部隊の様子を伝えてくれる。鎧を着けた帯甲の兵士のほかに、鎧を着用しない軍服だけの身軽な兵士も見られる。さすがに素足の者はいない。また、歩兵には弓兵（弓と弩の兵）と戟兵《げき》（「戟」とは長柄に矛と戈《か》を装着した兵器）がいて、弓兵は集団で最前線に配置され、戟兵は戦車の太鼓で進軍し、鐘の音で後退していた。

始皇帝亡き後、二世皇帝のときに陳勝の一軍が咸陽を目指したときに、驪山陵の建設に駆り出された刑徒に武器を持たせ戦わせた。これは非常の措置ではあるが、刑徒は刑期を持った国家の奴婢身分であり、隷臣といい各種の労働に駆り出されていた。隷臣身分の者が軍事の特殊部隊や後方支援の労働に駆り出されていたことはありえる。劉邦軍に結集した人々にも、卒というのは正規軍から高祖軍に加わった者であるが、そのほかに舎人（舎に泊まる者）、執盾《しつじゅん》（盾を持って戦う兵士）、弩将《どしょう》（弩兵）、中涓《ちゅうけん》（清掃労働）、連敖《れんごう》（接客）などの身分が見える。

大国・楚の歩兵部隊についてはどうか。当時、楚兵の持つ武器や甲冑は最先端のものであった。春秋時代の呉越で築かれた、銅剣の高い鋳造技術を継承したのが楚であった。楚墓から出土した越王句践《こうせん》の銅剣は、呉越の剣の伝統が楚に受け継がれたことを物語っている。秦王嬴政の愛蔵品のなかにも、楚の太阿《たいあ》の剣があったと李斯が述べている。この剣は、楚王が欧冶子《おうやし》と干将《かんしょう》の刀匠に作らせた剣であった。

『韓非子』難一篇に見える楚人が矛と盾を売る話も、楚の武器の優秀さを物語るものである。盾は、湖北省荊門市の包山二号戦国楚墓から皮製黒漆塗りのものが出土していて、その形は始皇帝の兵馬俑坑出土の盾にも受け継がれている。

騎兵についても見ていこう。趙・楚・秦の三国は一万匹[*4]と多く、拮抗していた。一方、燕は六〇〇〇匹、魏は五〇〇〇匹と少ない。

始皇帝の兵馬俑二号坑には等身大の騎馬軍団が七二体埋まっており、二〇体ほどが発掘されている（馬と騎兵の組み合わせで一体と数える）。騎兵は風よけの帽子をかぶり、歩兵や戦車兵とは異なる動きやすい鎧（肩なしで腰のベルトまでのもの）を着用し、皮製のブーツを履いている。手指の形から、弩ではない弓か長柄の武器を持っていたようである。馬の背には鞍が描かれている。

まだ後世のように騎兵の身体を固定させる前輪《まえわ》と後輪《しずわ》も、鐙《あぶみ》もなく、敷物の上に偏平な鞍が乗るだけであり、馬を乗りこなす熟練度が求められた。

馬の頭は騎兵の頭より低く、足も太く短い。近年の馬の骨格のＤＮＡ研究では、秦の馬はたえず牽引力と機動力のある優秀な馬を西方や北方の草原から受容して改良していたようである。こうした騎馬の機動力が、戦車に誘導された多数の歩兵を守った。

戦車はどうか。趙・楚・秦は一〇〇〇乗と多く、燕と魏は六〇〇乗で少ない。やはり兵馬俑一号坑からは、歩兵を先導する一一台の戦車が出土している。二号坑には歩兵先導車の戦車一九台とは別に、戦車隊の戦車六四台が埋まっている。戦車には通常、御者一名のほか、二名の軍官が乗車する。戦車隊の御者は重装の鎧を着用し、鎧は首筋、腕から指の先まで覆っている。強力な単独の戦車隊の姿を見ることができる。

歩兵・騎兵・戦車からなる軍隊は、秦と楚が拮抗していることがわかる。秦と楚の軍は一台の戦車に一〇人の騎兵、一〇〇〇人の歩兵という割合になる。一〇万の歩兵の軍では一〇〇台の戦車、一〇〇〇人の騎兵となる。五〇万の軍では五〇〇台の戦車、五〇〇〇人

＊4　馬は価格が相当する絹地の匹で数える。現代語も一匹馬という。

の騎兵となる。

戦力が拮抗している楚軍と秦軍の勝敗を分けたのは、軍全体を統率する将軍の采配の力量の違いであったと思う。歩兵、騎兵、戦車の構成部隊の全軍を指揮し、結集させ、機動させる技量こそが秦軍の力であった。それは六〇万を率いた対楚戦の王翦、三〇万を率いた対匈奴戦の蒙恬の将軍力に象徴される。

とはいえ二〇万の李信将軍は、対楚戦に敗北した。秦の将軍といっても、けっして常勝ではなく、その時点の情勢のなかで敗北もすれば勝利もしていたのである。

戦国時代を物語る「国境の変遷」

前四〇三年から前二二一年まで二〇〇年近くにわたる戦国時代の歴史を、一枚の地図で語ることは難しい。国境がめまぐるしく変わるために、それを正確に示すのが難しいからである。

歴史地図集や世界史の教科書でよく示される国境の入った戦国地図はいくつかあるが、年代を示していないものが多い。国境の変化が大きいので、国境を入れない戦国地図も多い。国境のある戦国地図はおもに戦国二〇〇年間の前半のものであり、この地図から戦国末期の秦王始皇帝の時代を語るのは難しい。

合従連衡家の議論では、諸国の面積が何千里四方と示され、また国境には戦国各国の長城も築かれ、国境はわかりやすい。

秦はオルドス（湾曲した黄河に囲まれた内モンゴル自治区南部）に戦国秦の長城（統一秦の石積み長城とは別）、魏は秦と対面する西方と東の国都大梁《たいりょう》の西に二つの長城、楚は北辺に対韓魏に面した方城（方形の長城）、斉は山東丘陵から琅邪《ろうや》に東西に延びる長城、趙は北に対匈奴前線と、南に対魏の二つの長城、燕は北に対東胡《とうこ》、南に対趙斉の長城などがある。

統一秦の石積みの長城が、内蒙古自治区固陽県に整備されて残されている。高さ四メートル、幅四メートル、この程度で物理的には騎兵の侵入を防ぐことができた。これに加えて敵兵の侵入を日常的に監視する城砦《じょうさい》、侵入者の規模を伝達する狼煙《のろし》などの伝達のシステムも必要であった。長城は国境防衛に欠かせなかった。

また、戦国時代において、国境の出入りはしっかりと管理されていた。国境を越えるには、出国側が発行するパスポートの符（割り符）が必要である。戦国時代に国境を越えることが許されたのは、外交と戦争と商業に関わる人々であり、かれらの行動が古代中国の時代を大きく変化させてきた。

戦国時代の国境の変遷を地図でたどると、時代がよく見えてくる。『史記』などの文献史料は、戦争と外交の事実の記録であり、時代の流れを理解しがたい。

ここからは地図を活用しながら、秦王始皇帝の時代に至る歴史を読み直してみたい。

戦国第一期（前四世紀前半期）の戦国地図

一枚目は戦国第一期（前四世紀前半期）の地図で、前四〇三年から前三五〇年までの時期のものである。高等学校の世界史の教科書でも、前四世紀前半の「戦国の七雄図」として取り上げられることが多い。

戦国諸国のなかで最も領土が変化する魏のエリアに注目すると、この時期の領土は河西と呼ばれた黄河西岸にあった魏の長城にまで及ぶ。魏の都は当初は安邑《あんゆう》にあり、そこは黄河がまっすぐ南流して直角に東流する地のため、河東と呼ばれている。

洛邑[*5]を中心とする周の王室の領土が魏と韓の間にあり、韓は黄河北岸の上党に飛び地のように延びているために、魏の領土が中央で分断されているように見える。

このほか、いくつかの小国が存在していることについても注目したい。当時は、七雄だ

地図1　戦国第一期（前4世紀前半期：前403～前350）の戦国地図
秦献公（在位前384～前362）の時代

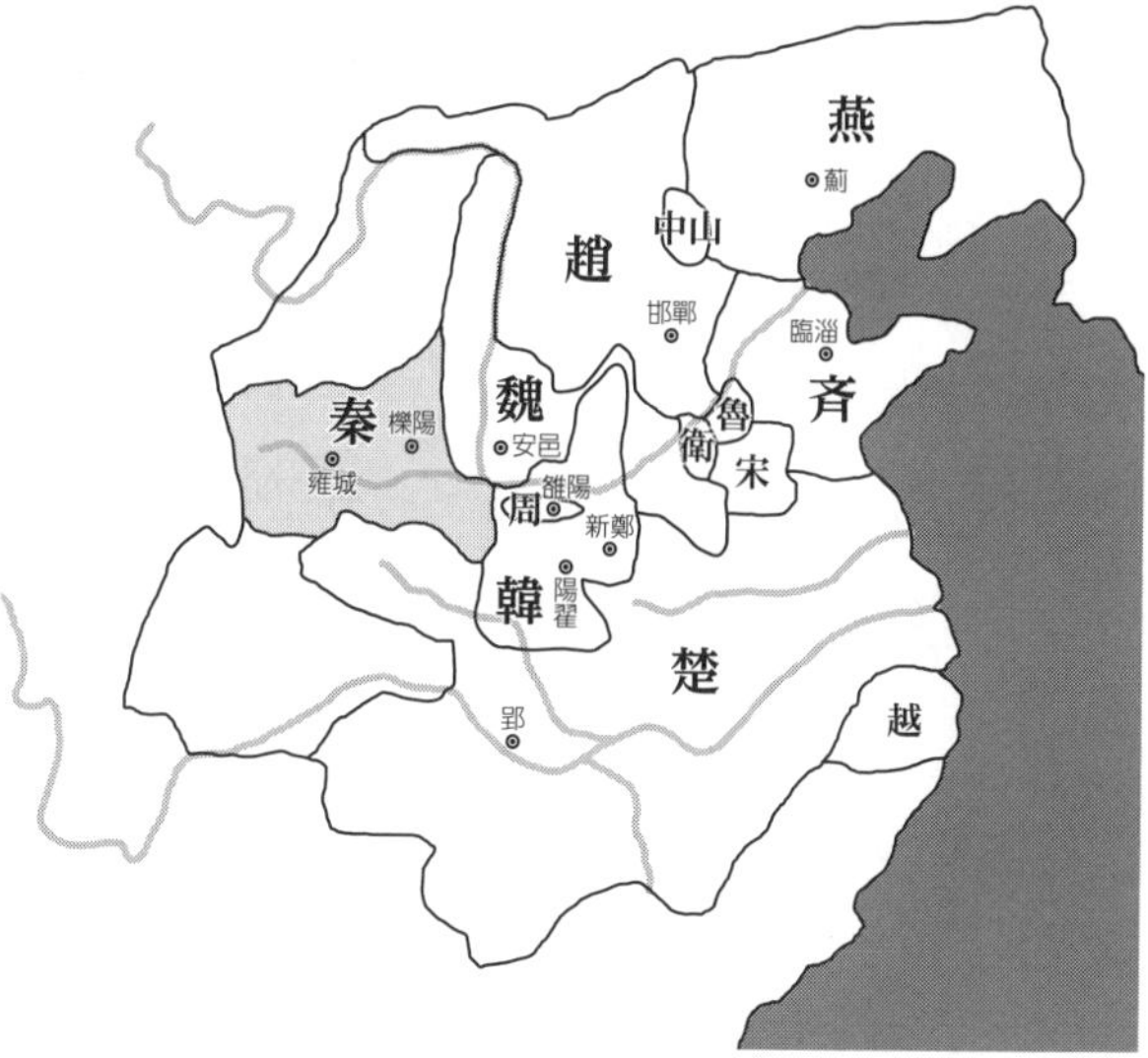

けが戦国ではなかったのである。中山《ちゅうざん》（～前二九六）、魯（～前二五六）、宋（～前二八六）、衛（～前二二一）の小国も、この時期の地図には描かなければならない。春秋末期に魯で仕官していた孔子《こうし》（前五五一頃～前四七九）は、弟子たちと小国を放浪していたが、その鄭、宋、衛が戦国時代にも

＊5　洛水のほとりの邑（都市）で洛邑、洛水の陽（北岸の陽の地）で洛陽とも書く。洛水は秦地にもあり、秦の時代は雒陽と使い分ける。

生き残っていたのである。

戦国第二期（前四世紀後半期）の戦国地図

二枚目の地図は戦国第二期（前四世紀後半期）のものであり、秦の商鞅《しょうおう》による第二次変法の前三五〇年前後の地図である。秦は咸陽に遷都している。

秦の孝公（在位前三六一～前三三八）と恵文王（在位前三三八～前三一一）の時期に当たり、合従の蘇秦や連衡の張儀の議論を理解するには、この戦国地図が役に立つ。戦国時代の国境について、とくに東進を使命とした秦の国境は絶えず変化する。そのため、その時点の地図を参照する必要がある。当時の合従連衡を説く外交家たちも、国土の面積、兵力の情報に敏感であり、かれらも刻々と変化する国境の情報を得て、絶えず更新される地図を持参していたはずである。

秦の東進によって魏の河西部分は秦の領土となり、魏の長城の国境線は意味をなさなくなった。前三五二年、秦の商鞅は魏都・安邑を攻撃し、前三四〇年、魏は安邑から大梁（河南省開封）へ大きく東に遷都した。結果的に魏は河東を失い、東半分の領土に重心が移った。

地図 2　戦国第二期（前4世紀後半期：前350～前307）の戦国地図

秦孝公（在位前361～前338）・恵文王（前338～前311）・武王（前310～前307）の時代

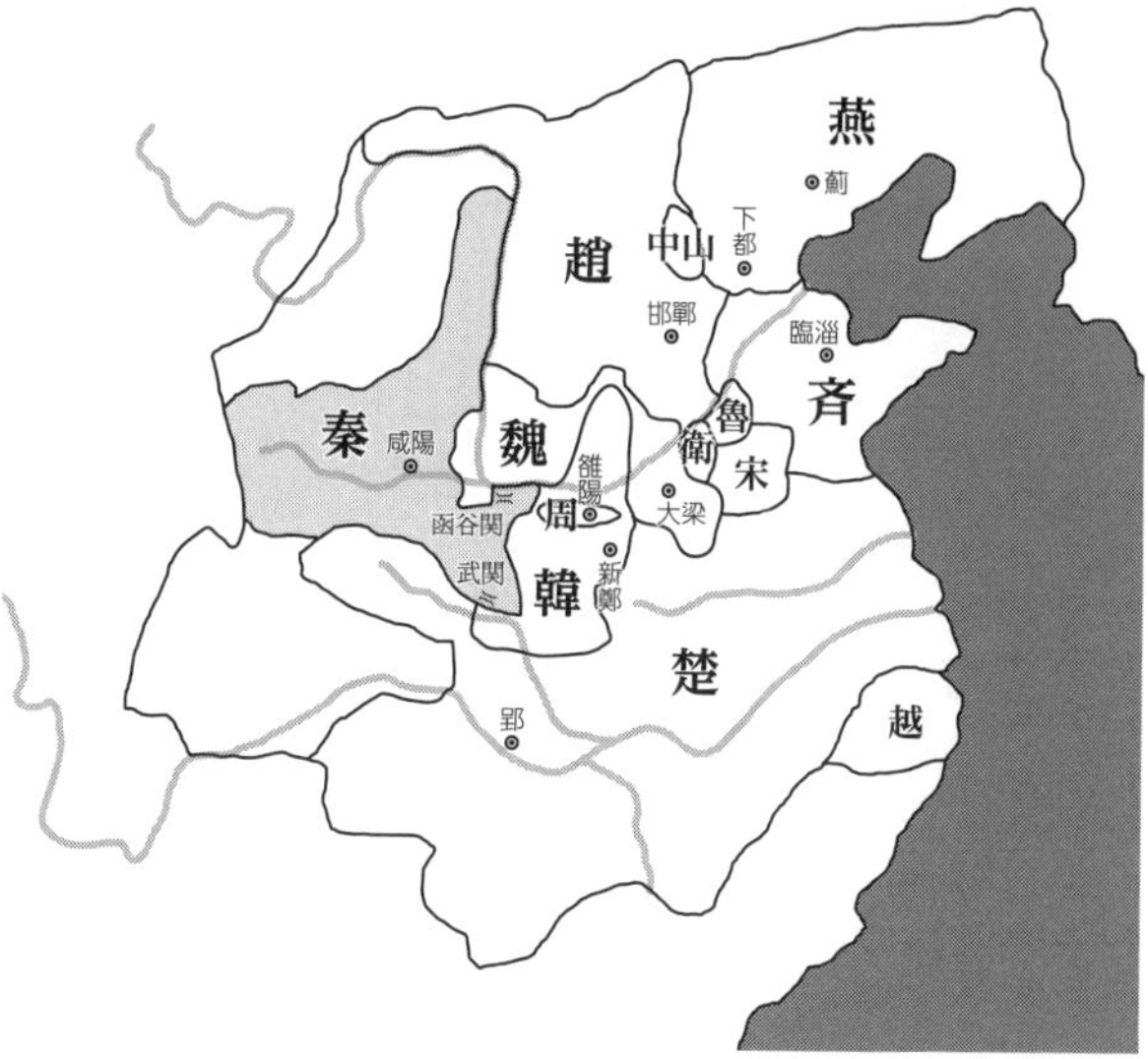

周のほか、小国の中山、魯、宋、衛はまだ存在している。

この時期の秦の恵文王の七（前三一八）年、五ヶ国（魏・韓・趙・楚・燕）の合従軍が秦を攻撃したが、失敗に終わっている。楚の懐王が合従の長となって六国が函谷関まで攻めることになっていたが、斉が出遅れるなど足並みは揃わなかった。迎え撃つ秦の王族の樗里疾《ちょりしつ》が韓の将軍を捕虜とし、趙・韓の軍を破り、八万二〇〇〇の斬首があったという。

つぎの前三世紀以降、戦国後半の一〇〇年を語るには、少なくともあと二枚の地図が必要であり、さらに秦王始皇帝の統一戦争を語るには、六国がそれぞれ秦に滅ぼされる年の六枚の地図があるとわかりやすい。まずは前三世紀前半から後半までの、二枚の地図を見てみよう。

戦国第三期（前三世紀前半期）の戦国地図

この地図は、秦の昭王の在位五七年、荘襄王（在位前二五〇～前二四七）の在位三年余りのものであり、このときに秦は大きく領土を広げ、占領郡が置かれていく。

秦の領土拡大は著しく、その範囲は昭王の父・恵文王の前三一六年に巴《は》郡と蜀《しょく》郡、昭王の前二七八年に南郡、前二七二年に南陽郡、荘襄王の前二四九年に三川《さんせん》郡*6、前二四七年に太原郡*7に広がった。

この時期に小国の中山（前二九五）は趙・燕・斉の連合軍に、宋（前二八六）は斉に、魯（前二四九）は楚に滅ぼされた。ちなみに中山と宋は、滅ぼされる前の前二九六（秦昭襄王一一）年、斉韓魏趙による秦への合従軍に参加している。この合従の状況を見るには、宋

地図3 戦国第三期（前3世紀前半期：前307～前247）の戦国地図

秦昭王（在位前307～前251）・孝文王（在位前251）・荘襄王（在位前250～前247）

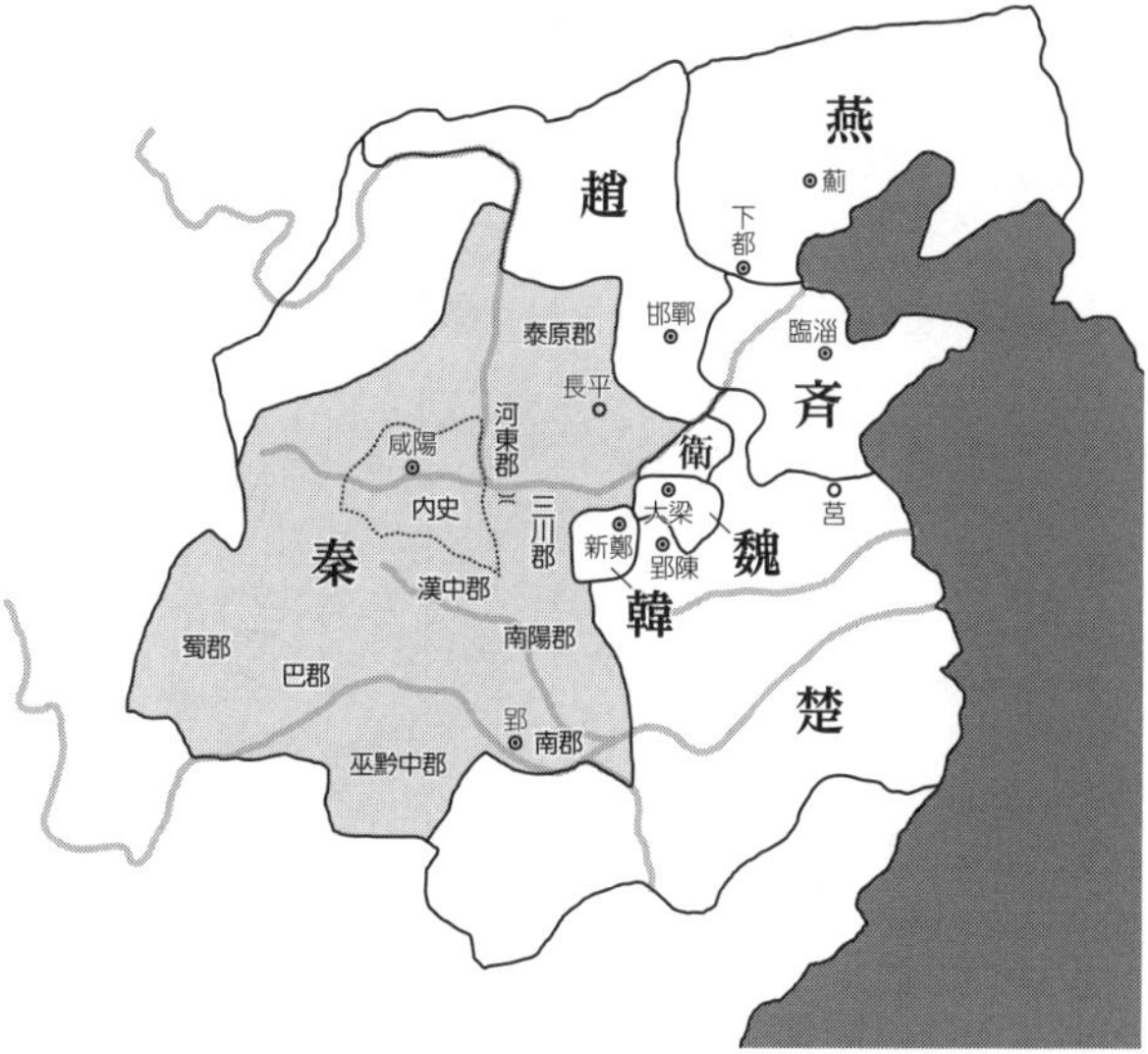

と中山の国の入った戦国地図が必要である。

　この時期には、周の状況も大いに変化する。前二五六年、周の赧《たん》王が死去し、翌年の前二五五年には西周君《せいしゅうくん》が昭王に降伏、前二四九年には東周君が荘襄王に殺された。

　秦趙の長平《ちょうへい》の戦い（前二六〇）や、楚の都が郢から陳に遷都（前二七八）したことも、

*6　同時代には参川郡と書く。『史記』のテキストは三川郡。

*7　同時代には泰原郡と書く。『史記』のテキストでは太原郡。

この戦国地図に反映すべきである。

中国史家の平勢隆郎は、秦は昭王のときに湖北・湖南の地を手中におさめ、天下の半ばを制するにいたったと記している。*8 すでに連衡の張儀が楚王に「秦地は天下の半ばにして兵は四国に敵《かな》う」と言ったのは、昭王前夜の秦の領土を指してのことであったのだろう。のちに秦王始皇帝は、こうした昭王の遺産を受け継ぐことになる。

この時期は、秦と斉の二国が力を伸ばした時期でもあった。前二八八年、秦の昭王は一時的に西帝と称し、斉の湣王《びん》（在位前三二四～前二八四）は東帝と称した。東帝と称した斉の湣王田地《でんち》は四一年もの在位期間中、孟嘗君田文《もうしょうくんでんぶん》を宰相に置き、魏・趙を観沢《かんたく》に破り、秦・韓・魏と楚の将軍唐眛《とうばつ》を破り、魏・韓と秦を函谷関で攻撃するなど、積極的な外征を繰り広げた。

斉は、湣王が東帝を称するより前、趙・燕と組んで中山を滅ぼし、東帝となった後には単独で宋を滅ぼしている。最後の宋王・偃《えん》は前三一八年に王号を称し、泗水流域に勢力を持っていた。その宋の勢力圏を併合したのである。しかし最後は五カ国（秦・魏・韓・趙・燕）に攻撃され莒《きょ》に走ったことから、斉の王には「湣《びん》」という諡号が付いた。湣王の諡号の「湣」の字は、暗く光の無いさまを表す。

秦の昭王と斉の湣王が天下を二分する勢いは、一時的にはあったのである。西嶋定生《にしじまさだお》も始皇帝の皇帝号の起源としてこの帝号に注目し、秦と斉とが華北をほぼ両分して制覇したことを背景に見る（「皇帝支配の成立」『中国古代国家と東アジア世界』東京大学出版会、一九八三年）。一時秦と天下を二分していた斉の湣王は、前二八四年、燕の楽毅軍に率いられた五カ国軍に侵略されて失速する。最終的に斉都の臨淄《りんし》に入ったのは楽毅軍であり、斉の財宝が奪われ、湣王は莒に逃亡した。湣王は殺され、斉国はかろうじて再建されたが、秦と天下を二分するまでに回復することはなかった。

戦国第四期（前三世紀後半期）の戦国地図

戦国第四期（前三世紀後半期）の戦国地図は、秦王嬴政の即位（前二四七年）から六国征服を始めた始皇一六（前二三一）年直前までのものである。

秦王嬴政は、出発点からまさに昭王・荘襄王の天下の半ばの領域の遺産を受け継いでい

＊8　図四六「秦の国家領域の拡大」『都市国家から中華へ』中国の歴史〇二、講談社、二〇〇五年二九一頁。

地図4　戦国第四期（前3世紀後半期：前247～前231）の戦国地図

秦王嬴政即位～始皇16年

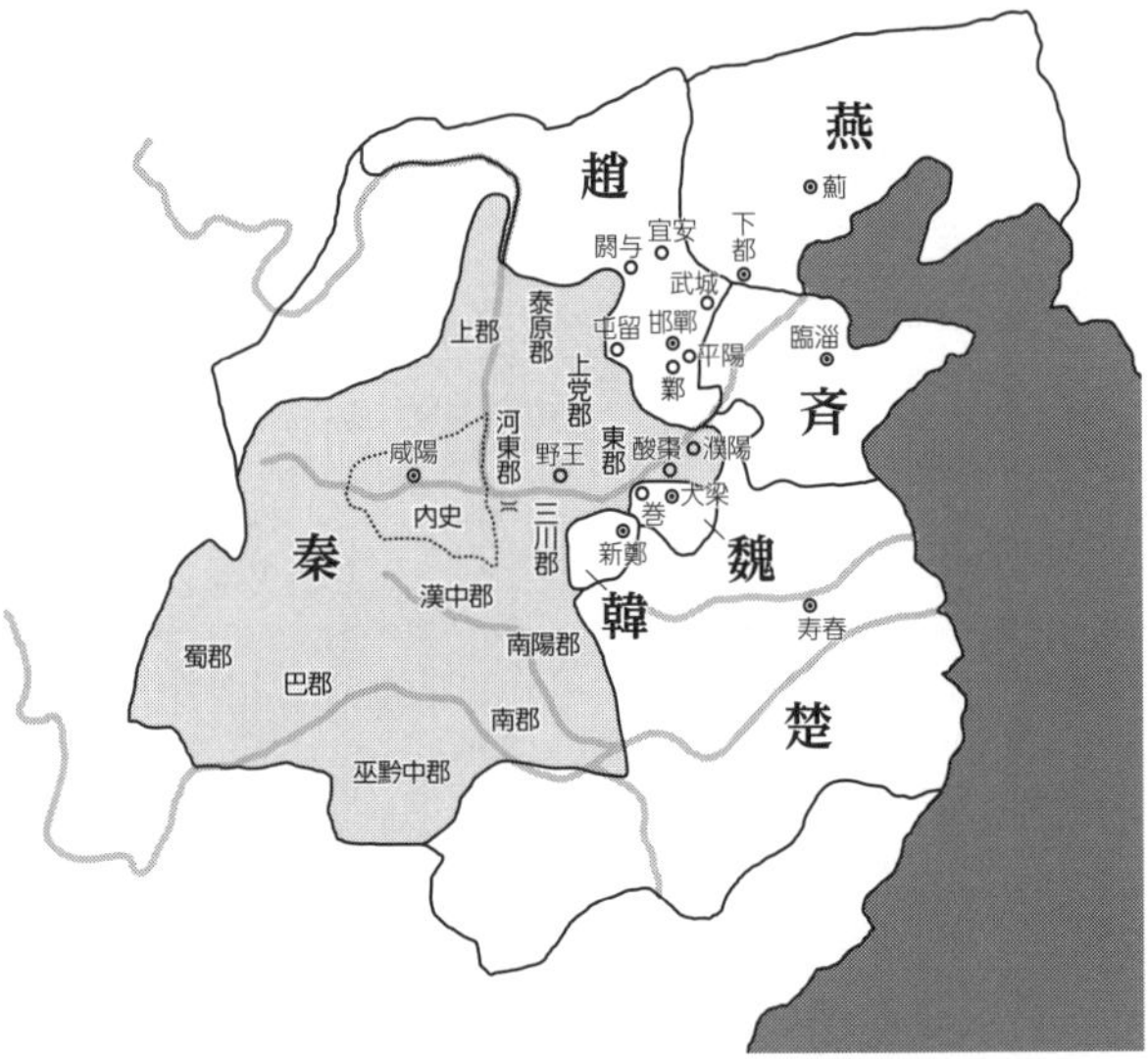

た。秦王嬴政が即位したとき、巴郡・蜀郡（ともに新開地）・南郡（旧楚）・上郡（旧魏）・河東郡（旧魏）・泰原郡（旧趙）・上党郡（旧韓）・三川郡（旧周）の八郡が、すでに秦の郡となっていたのである。

秦の都・咸陽を中心とした畿内は内史によって治められ、そこには郡はなく県だけであったのが特徴的だ。秦南部の新開地である巴蜀を除けば、残る六郡は六国の地に置かれた占領支配地である。秦は、いわば出先機関のような郡を拠点として、六国の領土を少しずつ侵略していった。

南郡は飛び地のようであるが、実は内史から漢中郡、南陽郡を経て南郡まで、回廊のように連結していた。秦王嬴政即位時の秦の領土は、東方六国の領土にくさびのように食い込み、六国を分断していたのである。

楚は陳から寿春に遷都し、秦の前線から遠ざかった。

始皇三（前二四四）年、秦の蒙驁将軍は韓の一三城を占領し、王齮将軍はここで亡くなった。さらに蒙驁将軍は始皇五（前二四二）年には魏の酸棗《さんそう》など二〇城を取り、東郡を置いた。

東郡の設置は秦の東方戦略上、大きな意味を持っていた。黄河南岸の三川郡と東郡が連結されたことで、韓魏と趙は地理的にも分断されたことになる。こうした秦の快進撃を食い止めようと、始皇六（前二四一）年、五国の合従軍が秦を攻撃した。これが、秦を襲う最後の合従軍であり、秦はこの難局を切り抜けた。

始皇九（前二三八）年の嫪毐の乱が終結すると、秦による趙への大規模な侵略が続いた。

始皇一一（前二三六）年、秦は王翦を中心とした桓齮・楊端和との連合軍で、趙の鄴《ぎょう》や閼《あつ》与《よ》など九城を取った。
始皇一二（前二三五）年に呂不韋が亡くなると、秦は趙への攻撃をさらに加速させた。始皇一三（前二三四）年、秦の桓齮将軍は趙の平陽を攻撃し、扈輒《こちょう》将軍を殺し、一〇万人を斬首した。睡虎地秦簡の『編年記』には、被葬者の喜がこの年に従軍したことが記されていた。楚地の占領郡の南郡の人間が対趙戦に駆り出されていたことがわかる。桓齮による進軍は止まらず、翌年の始皇一四（前二三三）年には平陽、武城《ぶじょう》、宜安《ぎあん》を平定した。始皇一五（前二三二）年には軍を発動して趙の鄴《ぎょう》を攻める一方で、泰原と狼孟《ろうもう》をも攻めた。

ただ、始皇一六（前二三一）年、秦は大きな岐路に立つことになる。趙の抵抗が予想以上に強かったのであろう。秦は徴兵を徹底するため、この年、男子に年齢を申告させた。秦始皇本紀には「初めて男子に年を書かせしむ」とあり、全国（秦と占領郡）の男子に年齢を申告させたのである。『編年記』にも「（南郡の被葬者の喜は）自ら年を占《もう》す（申告した）」とある。秦の本国だけでなく、占領郡の男子の年齢も申告させることで、軍事力の強化を図ったのであろう。

ところが翌年動いたのは、対趙戦ではなく対韓戦であった。

コラム　内史と占領郡の連携システム

戦国時代の秦の本拠地は、甘粛《かんしゅく》省東部の渭水上流と陝西《せんせい》省中部の渭水盆地にある。秦の地名は甘粛省清水県の小さな土地に起源があるが、戦国時代の商鞅変法時の秦の本拠地を「故秦《こしん》」（故〈もと〉の秦の意味）といい、秦人を「故秦人」といった。また、統一後に匈奴から奪った北部の地を「新秦中」、統一後に秦に服属した東方諸国の新地の民を「新黔首《けんしゅ》」といった。黔首とは、人民の正式名称で冠を被っていない黔《くろ》（黒）い髪の民のことである。

故秦は内史という役所が管轄し、そこには郡はなく県だけが置かれた。秦の孝公の時代、商鞅変法によって孝公一二（前三五〇）年、都の咸陽とともに四一[*9]の県が整備された。

＊9　六国年表では三一。

秦は、東の玄関である函谷関より東方の新秦の地には、郡を置いて占領地支配し、その下に県を置いた。こうした故秦と新秦の地が一体化して区別がなくなったのは、前二二一年、始皇帝が全国に三六の郡を置くことを宣言したときのことである。

秦王朝は木火土金水の五行の水徳《すいとく》を選び、周王朝の火徳に代わったことを正当化した。水徳の色の黒、数字の六に合わせて統一政策を実行しようとし、六の自乗の三六の郡を東方六国の地に置くことにした。このいわゆる郡県制は統一時に始まったものではなく、戦国時代にはすでに内史の県と、外地の占領地の郡県という形で始まっていた。

占領地の郡は、六国を滅ぼす政策に転じる前からすでに一二郡ほど置かれており、その後、戦国最末期の十年戦争で六国の国都に郡が九つほど設置され、合計二一郡となる。最後の斉を滅ぼしてすぐに統一宣言を行ったので、始皇二六年一〇月の時点では二一郡程度である。

水徳の数字、六の自乗の三六郡は、あくまでも目標値であったと思われる。内史には郡はないので、「天下を分けて以て三十六郡と為す」（秦始皇本紀始皇二六年）での天下とは、秦が滅ぼした東方六国の地を指している。

ちなみに、統一時に六国の地すべてに郡を設置していたわけではない。秦の郡県統治が及ばない空白地があり、そのために統一後の始皇帝の巡行で全国を回るなかで、三六を超える郡を置いていったのであろう。巡行で二八、その後の匈奴・百越戦争で四郡を置いたので、統一時の二一郡も含めると、総計五三郡となる。内なる内史と外の郡が機能よく連携するシステムが、東方六国の合従を崩し、連衡を推進する役割を担っていった。

占領地の郡は、秦の東方六国の合従を崩す拠点となった。

恵文君一〇（前三二八）年に魏から上郡の一五県を献上されたのが、秦の郡の最初である。その後、恵文王初更九（前三一六）年に司馬錯《しばさく》が蜀を伐ち、その地に蜀郡を置いた。そして恵文王初更一三（前三一二）年、楚の漢中の地を攻めて地六百里を取って漢中郡を置いた。上郡も蜀郡も漢中郡も、内史を囲む秦の周縁である。東方六国の地に深く入り込んでいたわけではないので、郡による六国の占領支配はまだ十分機能していない。

つぎの武王を経て昭王の治世になると、郡の機能は大きく変わった。

昭王二九（前二七八）年、将軍白起が楚の都・郢《えい》まで攻撃し、ここに南郡を置いた。現在の湖北省の荊州の地であり、秦軍は楚地深く侵入し、楚王は陳に逃走して都を遷した。秦はこのとき初めて、六国の都の中央に占領支配の郡を置いたことになる。

荘襄王は元（前二四九）年、蒙驁将軍に韓の成皋《せいこう》と滎陽《けいよう》を攻略させ、その地に三川郡[*10]を置いた。三川郡は、周王室の地である西の王城と、東の成周城の地を取り囲む。周の平王が前七七〇年に王城（洛邑）に移ってから五二〇年間も存続してきた古都である。すでにこのときは、周王室も東西の分家もなかった[*11]。秦が周を引き継ぐ王朝であることを誇示する意味では、三川郡を占領したことは重要である。

荘襄王三（前二四七）年には、王齮将軍を派遣して上党を攻略し、趙地に泰原郡を置いた。

昭王と荘襄王によって置かれた南郡、三川郡、泰原郡の三つの郡は、のちの秦王・政の即位後の東方戦略を支える基盤となった。内史と東方戦略の拠点の三郡が結ばれたのである。

始皇五（前二四二）年、秦王が東郡を設置したことで、占領郡は計一二となった。曽祖父昭王の南郡、父荘襄王の三川郡と泰原郡に対抗するように、東郡は魏の領土に深く入り込んだ地に置かれた。

東郡の中心は濮陽《ぼくよう》であり、黄河の下流域を占める。ここは、呂不韋に因縁のある地であった。呂不韋は、『史記』呂不韋列伝によれば陽翟《ようてき》の大賈《こ》人（大商人）、『戦国策』によれば濮陽の人である。呂不韋は商人として国境を越えて都市の間をめぐり、安価な物を仕入れ、高く売り、家には千金の財があったという。

かれが商人として活躍していたころは、秦の三川郡も東郡も無かったため、小国である衛の都の濮陽、韓の陽翟、趙の都の邯鄲（呂不韋が始皇帝の父の子楚と出会った都市）といった国際的なネットワークをもっていたことになる。三川郡とその東の東郡を設置したのは荘襄王や秦王政自身の発想ではなく、秦の相邦・呂不韋の思惑があったと考えられる。

＊10　三川は河水（黄河）、洛水、伊水を指す。
＊11　西周君は昭王に追放され、東周君は荘襄王に殺された。

軍事的な拠点は、商業的な拠点でもあった。秦の故地から遠く離れた東方の占領地を、六国の中に孤立させてはならない。孤立させないためには、陸続きで占領郡を拡大していくことであり、そのためには多くの秦の兵士を養う食糧物資が必要であり、商業的なネットワークが必要となる。経済的に豊かな東郡の設置は、秦の東方侵略に重要な役割を果たしたのだった。

第三章

六国滅亡の十年戦争

韓滅亡時の戦国地図（始皇一七〈前二三〇〉年）

始皇一七（前二三〇）年、内史の騰《とう》（名だけで姓は不明）が韓を攻め、韓王の安を捕らえ、その土地を献上させた。その地は淮水《わいすい》の一支流である潁水《えいすい》流域の意味から、潁川《えいせん》郡と命名された（秦始皇本紀）。

韓を取り巻く状況は、前出の戦国初期の地図と比較すると大きく変わった。この時期までに韓は縮小し、すでに一郡程度の小さな国にすぎなくなっていた。北は三川郡と東郡、南は南陽郡といった秦の占領郡に包囲されており、蘇秦がかつて韓の宣恵王《せんけいおう》（在位前三三三〜前三一二）に述べたときのような九百余里四方、帯甲数十万の国ではなくなっていたのである。

秦はこの小さな韓の国を、朝貢国にするのではなく滅ぼすという方針に転換した。これが、その後一〇年の戦略の転換点となった。この時期から統一までの戦争を、十年戦争と呼ぶことにする。

秦はなぜ、六国のうち最初に韓を滅ぼすことになったのか。秦と国境を接していた隣国のなかで韓がもっとも小国化していたことが、最初に滅ぼす要因となったのであろう。

地図5 **韓滅亡時の戦国地図〈始皇17(前230)年〉**

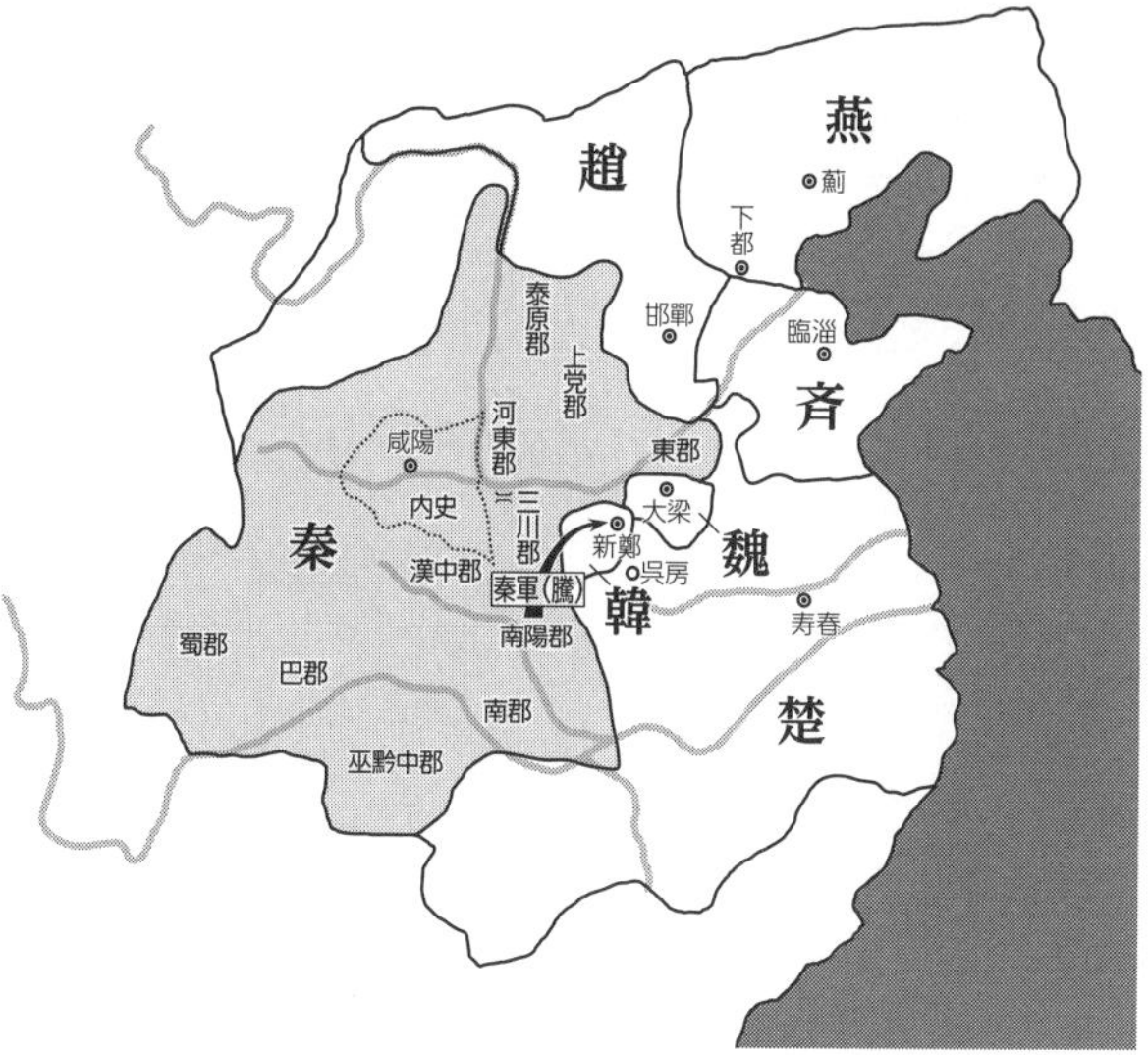

近年出土の前漢初期の年代記『歳記』によれば、始皇一六（前二三一）年に「**破韓得其王入呉房**（韓を破り、其の王を得て呉房に入らしむ）」と書かれ、『史記』には見えない捕縛した韓王の行き先まで記されていた。韓王の行き先である呉房《ごぼう》は、楚の上蔡《じょうさい》付近に位置する。年代は、『史記』とは一年くらい違う。そして一七年に「**五月韓王来、韓入地於秦**（韓王来たりて、韓、地を秦に入る）」と書かれ、捕縛

された韓王が領土を秦に納めたとある。これも『史記』にない事実である。

【史料の謎】韓滅亡をめぐる重要人物・騰

韓を攻めたのは、内史の騰という人物である。騰については姓氏がわからず、謎の人物である。近臣の高官は秦王に対して姓氏を出さずに名だけを称していたため、騰も秦王に対して臣騰と言った。

秦の本土の畿内を治める内史の高官が、なぜ韓を攻めたのであろうか。韓を滅ぼすという大役を、なぜ内史に任せたのだろうか。他の例では蒙恬将軍も、のちに斉を攻撃して統一すると内史となり、三〇万の兵士を率いて匈奴と戦った。内史の騰も、将軍を兼任して内史の隣国韓を攻めたのであろう。

韓滅亡に関わったとされる騰の史料には謎が多く、解釈もさまざまである。

韓滅亡の直前となる始皇一六（前二三一）年九月[*1]に関して、『史記』秦始皇本紀には次のような記述がある。

「**発卒受地韓南陽仮守騰**」

これは、秦が韓から土地を献上されたことを伝えている。「受地於韓」という記述であれば「韓より地を受けた」と意味をとりやすいが、ここでは「受地韓（地を韓より受く）」と書いている。「より」の読みとなる於の助字（前置詞）は、なくてもよい。

瀧川資言（亀太郎）（一八六五〜一九四六）の『史記会注考証』では、清朝の文学者・方苞《ほうほう》の解釈に従い、「発卒受地韓南陽、仮守騰」（卒を発して地を韓の南陽より受け、騰に仮守《かしゅ》せしむ）と読んでいる。小竹文夫・小竹武夫訳『史記』Ⅰ（筑摩世界文学大系六、筑摩書房、一九七一年）の口語訳もこれを参考にし、「韓の南陽の地を受け、内史の騰を仮の守とした」と同様の解釈である。

しかし、「地を受く」「韓の南陽を受く」を合わせた受の動詞が、二つの目的語を持つとするのは難しい。「地を韓の南陽より受く」とは読めるのだが、南陽はすでに秦昭王のときに南陽郡となっているので、このときに南陽が改めて秦に献上されることはない。南陽の地名は別に黄河以北にもあったが、韓の南陽という読みはやはり文法的にもおかしい。

さらに近年の秦の簡牘史料（岳麓秦簡）では、郡の仮守《かしゅ》[*2]の官職が見られ、仮守を動詞で読

---

*1　秦の暦では九月が年末で、翌一〇月から始皇一七年となる。

むよりは、官職として「南陽仮守《なんようかしゅ》」と読むほうが自然である。諸橋轍次《もろはしてつじ》の『大漢和辞典』には仮守ということばは採っていないが、出土史料が出てきた現在では名詞として取るべきであろう。『大漢和辞典』は既存の文献を網羅して漢語を拾っているが、出土簡牘史料には既存の文献にないことばが多く見られる。

郡守《ぐんしゅ》*3が不在のときに他の官職の者が兼任する場合に仮守と言い、郡尉の場合も仮尉と言う。項羽の叔父の項梁は会稽《かいけい》の地で立ち上がり、会稽守になったが（『史記』項羽本紀）、『楚漢春秋』では会稽仮守と記されている。『史記』よりも同時代の楚漢時代の貴重な史料であり、事実に近い。

司馬遷は、『史記』六国年表で「**発卒受韓南陽**（卒を発して韓の南陽を受く）」と記し、地の字をわざわざ除いて韓の南陽を受の目的語とし、余った仮守騰を切り捨てている。前漢武帝期の司馬遷も、秦の時代の仮守の意味を理解していなかったのであろう。『史記』のなかで仮守ということばは、この一例だけである。

後世を生きる私たちは秦の同時代史料として、司馬遷よりも仮守の事例を多く得たのである。筆者もこれまで韓は南陽を献上したと解釈してきたが、やはり解釈の修正が必要であると考えている。

つまり、「**発卒受地韓。南陽仮守騰**…（卒を発して地を韓より受く。南陽仮守騰は…）」というように読む。南陽仮守騰だけが浮いてしまうのは、文章に錯簡[*4]があったためだと考えられる。竹簡の文書の時代、一枚の竹簡[*5]が綴じ紐から抜け落ちてしまうか、別の場所に綴じ間違いをすれば意味が跳んでしまう。形の近い別の文字に書き間違う誤写とは違う。南陽仮守騰を主語とする文章の次につながる竹簡が失われてしまった可能性はあるだろう。錯簡の文章を無理に読もうとすると、事実を誤認してしまう。

韓が土地を秦に献上して服属の意志を示しながら、それを無視して韓王をいきなり捕縛して国を滅ぼすのは、秦であっても戦国時代の外交の大義に反している。秦始皇本紀始皇二六年の記事には、秦王（始皇帝）みずからが六国を滅ぼした歴史を回顧して正当性を述

＊2　盧江叚（假）守・清河叚（假）守・南郡叚（假）守。
＊3　簡牘によれば、秦では郡太守とも言った。
＊4　今では紙の書物の文字や文章の順序が乱れていることであるが、竹簡の時代は竹簡の順序を間違えて綴じてしまうことを言う。
＊5　一尺約二三センチメートルで二二字程度の文字数。

べるくだりでその大義に言及している。

「異日韓王、地を納れて璽（王の印璽）を效《いた》し、藩臣と為らんことを請うも、已《すで》にして約に倍《そむ》き、趙、魏と合従して秦に畔《そむ》けば、故に兵を興して之を誅し、其の王を虜にす」とある。

秦が韓王を捕虜にして国を滅ぼした正当性として、韓王が土地を献上し王の印璽を差し出して藩国になろうと請うたにもかかわらず、約束に背いて趙・魏と合従して秦に背いたことから、秦は兵を動員して韓を罰し、韓王を捕虜にしたという。

この秦王の話には、矛盾がある。土地を献上したのが始皇一六（前二三一）年のことで、一七年に韓王を捕虜にしたとすると、このわずかな間に韓・趙・魏の合従がなければならない。三国の合従は、始皇六（前二四一）年の韓・魏・趙と衛・楚の五ヶ国の合従を指している。秦王政のときの合従はこれしかない。

「南陽仮守騰」の記述の下に脱簡があるとしたら、韓側に信義に反する行動があり、仮守の騰が関わっていたことが記されている可能性はある。韓側にそのような行動がないまま韓王を捕縛し、韓地を献上させて潁川郡としたのであれば、秦王は始皇六年までさかのぼって矛盾する大義をあえて示したことになる。

睡虎地秦簡の『編年記』にも、騰という人物が登場する。始皇二〇（前二二七）年に南郡守騰が、管轄下の県に警戒令を出している。

南陽仮守騰、内史騰、南郡守騰が別の人間であるのか、同一人物であるのか。筆者は同一人物として解釈したい。秦の内史、秦の南陽郡、秦の南郡は隣接した土地であり、同一人物であっても不思議ではない。

騰は、韓滅亡をめぐる重要な人物であったと考えられる。かれの行動が、秦が六国を服属ではなく滅亡させていく方向に軌道修正させた可能性はあるだろう。

趙都陥落時の戦国地図（始皇一九〈前二二八〉年）

始皇一九（前二二八）年、王翦将軍の率いる秦軍は趙の都・邯鄲《かんたん》を攻撃し、趙王の遷《せん》を捕虜とした。趙の公子で嫡子の趙嘉《か》は、一族数百人を連れて代の地に逃れ、亡命政権を立てることになった。代《だい》国は始皇二五（前二二二）まで六年間も続いたが、秦の王賁将軍が代王の趙嘉を捕らえ、趙はこのときはじめて滅ぶことになる。『史記』六国年表は「**秦将王賁、王の嘉を虜とし、秦、趙を滅ぼす**」と記している。

地図 6 趙都陥落時の戦国地図〈始皇19(前228)年〉

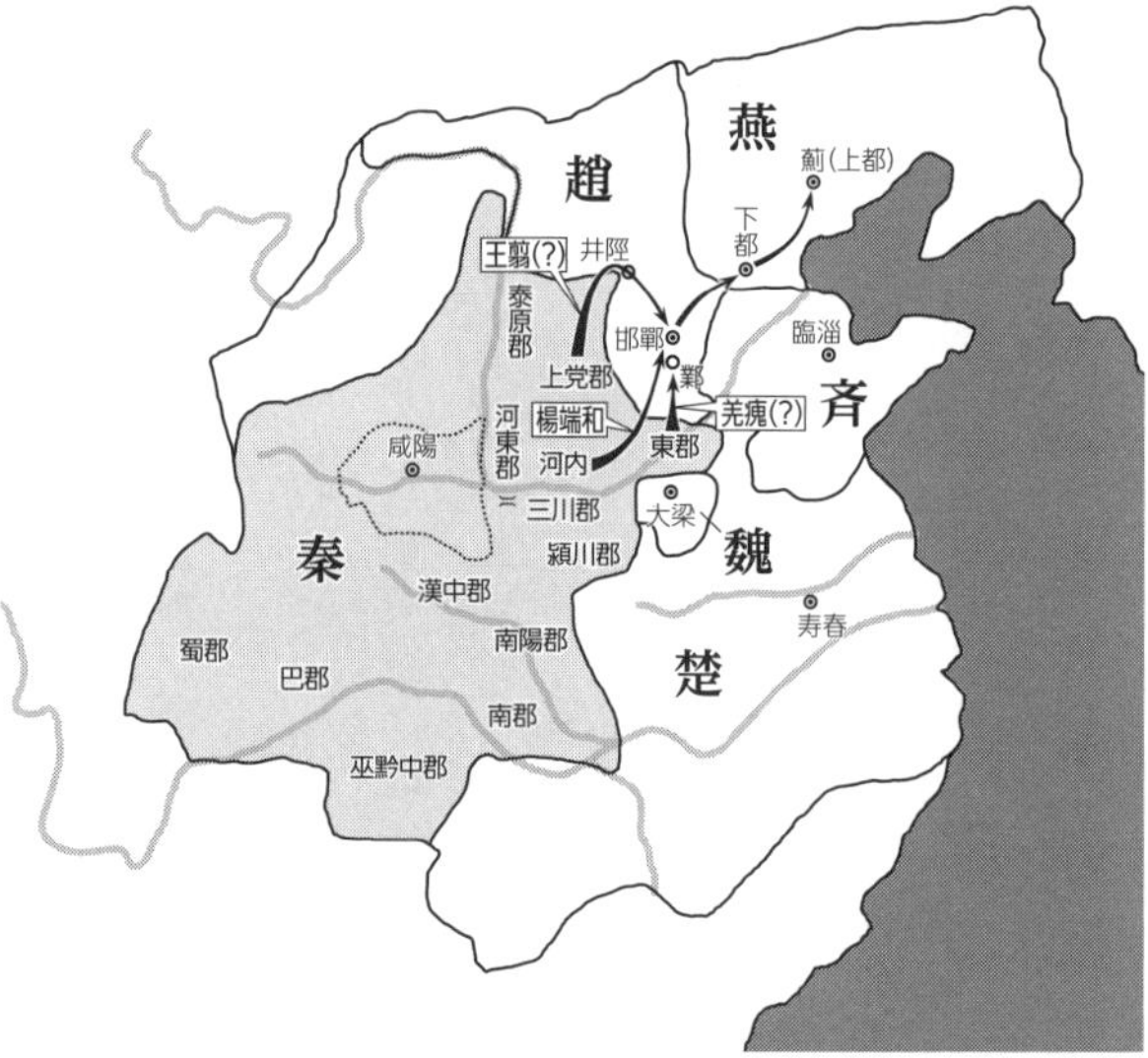

秦が趙都を陥落させた時期の地図を作成してみると、すでに秦の占領郡がいかに趙の国土を包囲していたのかがわかる。趙の西は泰原郡、上党郡、南は東郡が包囲していたので、秦は趙都の邯鄲には西と南の両方向から攻めることができた。

邯鄲を攻めたのは王翦軍だけでなく、羌瘣《きょうかい》と楊端和《ようたんわ》も加わっていた。『史記』秦始皇本紀の記事は前年の始皇一八（前二二九）年に「**大いに兵を興して趙を攻む**」と記されている。韓を滅ぼした勢いで、目標は趙に向けられた。「大いに兵を興す」とは大動員令を発したことを示している。

記事には、王翦と楊端和、羌瘣の連帯した動きが記されている。王翦軍は「**王翦、上地を将《ひき》い、井陘《せいけい》に下り**」、楊端和は「**河内《かない》を将い**」、羌瘣は「**趙を伐ち**」、さらに楊端和が「**邯鄲城を圍《かこ》む**」と記されている。「将いる」とはその地の占領郡の兵士を率いるという意味である。上地とは不明であり、秦の上郡とも解されているが、邯鄲から遠すぎるので、秦の上党郡のことかと思われる。王翦は上党郡の兵を率いて山越えして井陘の地に降り、北から邯鄲を目指したのだろう。楊端和は黄河の北岸の河内から邯鄲を目指し、いち早く邯鄲城を包囲した。

羌瘣が「趙を伐ち」というのは漠然と趙を伐ったというだけで、どこから邯鄲を攻めたのか伝えていない。おそらく占領郡の東郡から東に回って邯鄲を攻めたのであろう。

始皇一九（前二二八）年に王翦と羌瘣が「**尽《ことごと》く趙地の東陽を定め取りて趙王を得**」というのは、邯鄲から東に逃亡する趙王を東方で捕らえたことを言っている。秦の三軍の邯鄲包囲網の勝利であり、このときの趙国はすでに邯鄲を中心とする国土に狭まっており、秦の占領郡にも包囲されていたのである。

邯鄲陥落からさかのぼること二年、始皇一八（前二二九）年は趙の年号では趙王遷七年であり、趙王遷の治世下であった。秦の趙攻撃に際して迎えたのは趙の大将軍の李牧と将軍司馬尚《しばしょう》であった。しかし趙王の寵愛する臣下の郭開《かくかい》が秦からの間金《かんきん》を受け取って反間《はんかん》（スパイ）となり、李牧と司馬尚の反逆を讒言《ざんげん》した。趙王は李牧と司馬尚に交替を命じたが、李牧は拒否して斬殺された。趙王遷を守ったのは交替した趙葱《ちょうそう》と斉の将軍顔聚《がんしゅう》であった。もしこれまで秦軍に常勝していた李牧が王翦らに対抗していれば、情勢は少し変わっていたかもしれない。秦の隠密外交の勝利でもあった。

魏滅亡時の戦国地図（始皇二二〈前二二五〉年）

始皇二二（前二二五）年時点での魏の領域は、黄河以北には残っておらず、秦の河東郡が置かれ、黄河南岸も秦の東郡が占領していたので、魏の都である大梁周辺が残されるだけであった。合従の援軍を避けながら、一国を集中的に攻撃するのが秦の作戦である。

当時の状況下で、燕が魏を支援することはあり得なかった。始皇二〇（前二二七）年の荊軻《けいか》による秦王暗殺未遂事件の結果、王翦と辛勝の二将軍は燕を攻め、燕と代《だい》（趙の亡命

地図7　魏滅亡時の戦国地図〈始皇22(前225)年〉

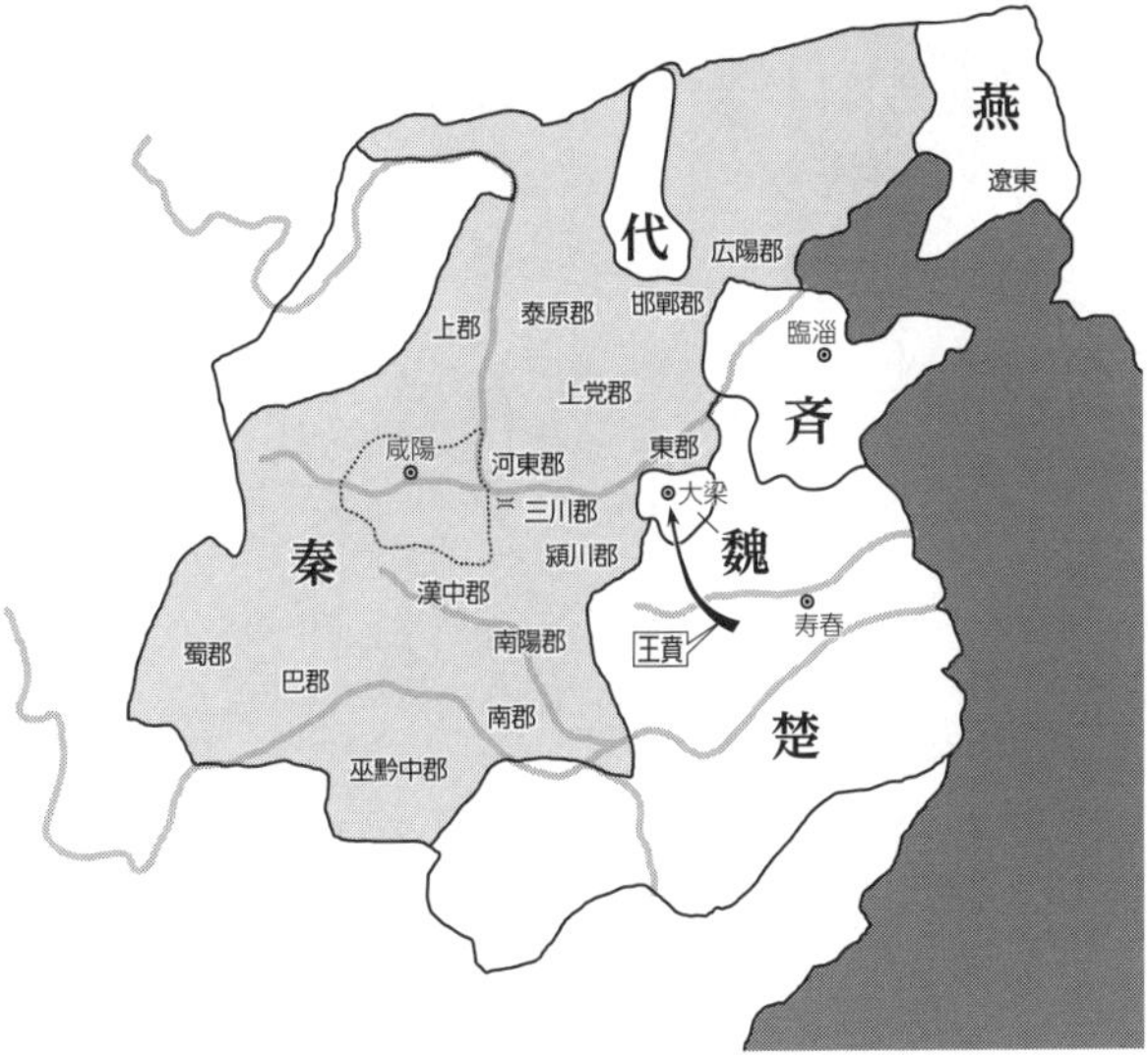

政権）の連合軍を易水《えきすい》の西で破っていた。翌始皇二一（前二二六）年、二将軍は燕太子軍を破り、燕都の薊《けい》を占領し、一説に暗殺未遂事件の首謀者であった太子丹《たん》の首を取った。燕王喜《き》は遼東に逃亡し、魏を支援することは不可能であった。

そして王翦の子の王賁将軍には南の楚を攻撃させ、楚の支援を封じたうえで、始皇二二年、王賁は楚から戻る途中で魏の大梁城を水攻めする作戦に出た。

現在の開封の地にあたる大梁は、黄河の川底よりも低い位置に町があり、黄河の洪水に悩まされることが多い。そこで王賁は黄河から水を引き、城を攻めた。

秦始皇本紀と魏世家《ぎせいか》には大梁を水攻めして、魏王の仮《か》を捕虜にして魏を滅ぼしたことしか記されていないが、魏世家の末尾の論賛《ろんさん》には、太史公《たいしこう》（司馬遷）が大梁の墟《きょ》を訪れたときに、廃墟のなかに住む人からつぎのような証言を得たことが記されている。「秦が梁（魏）を破ったときに、河溝《かこう》を引いて大梁に灌《そそ》ぎ、三ヶ月して城は崩壊した。王は（国を存続させて）降伏を願ったが、ついに魏を滅ぼした」と。

河溝とは、黄河から東南に引いた人工的な運河であり、鴻溝《こうこう》と呼ばれている。春秋時代に引かれた鴻溝は、宋・鄭・陳・蔡・曹・衛の小国の地を結ぶ水運で活用され、黄河の分水の済水《せいすい》や淮水《わいすい》と、その支流の汝水《じょすい》、泗水《しすい》と合流していた。鴻溝の黄河からの取り入れ口は、秦の三川郡の管轄にあった。

王賁はこれを軍事に活用した。三ヶ月という証言からうかがえるのは、魏が三ヶ月も籠城して王賁軍を防いだともとれるし、もう一つ重要な事実は、その時期が夏の終わりから秋にかけての三ヶ月であっただろうということである。

日常の鴻溝は静かに流れる運河であり、水攻めには使えない。黄河の増水は、夏の終わりから始まる。秋の季節の三ヶ月に黄河の大量の水を大梁城に流し、水位を上昇させて攻めたのである。王賁軍は戦わずして自然の力に任せた。城門を閉じれば、多少の増水には耐えられるが、版築《はんちく》（土を幾層にも突き固める工法）の城壁の耐久の限度は三ヶ月であったのだろう。

冬になれば黄河の水量は激減し、春も渇水期《かっすい》である。秋だけに通用する戦法である。『呂氏春秋』でも秋が戦争の季節であり、冬は死の季節であると説いている。

楚滅亡時の戦国地図（始皇二四〈前二二三〉年）

始皇二三（前二二四）年から二年間、秦は対楚戦で本格的に動き始めた。残る斉・燕の国との合従はありえない情勢であったため、秦は攻め時と踏んだのだろう。

秦の前線基地は南郡であったが、韓を滅ぼしてからは潁川《えいせん》郡、南陽郡も南郡と連携する態勢が出来ていた。秦軍は楚の旧都の陳《ちん》（郢陳）と都の寿春《じゅしゅん》に迫っていたが、ここからの楚の抵抗は激しかった。

すでに述べたように、当初は若き将軍の李信と蒙恬が楚に送られた。李信は燕王と燕太子を追って丹の首を得た功績があったばかりであり、その勢いから楚に派遣された。対楚

地図 8　楚滅亡時の戦国地図〈始皇24(前223)年〉

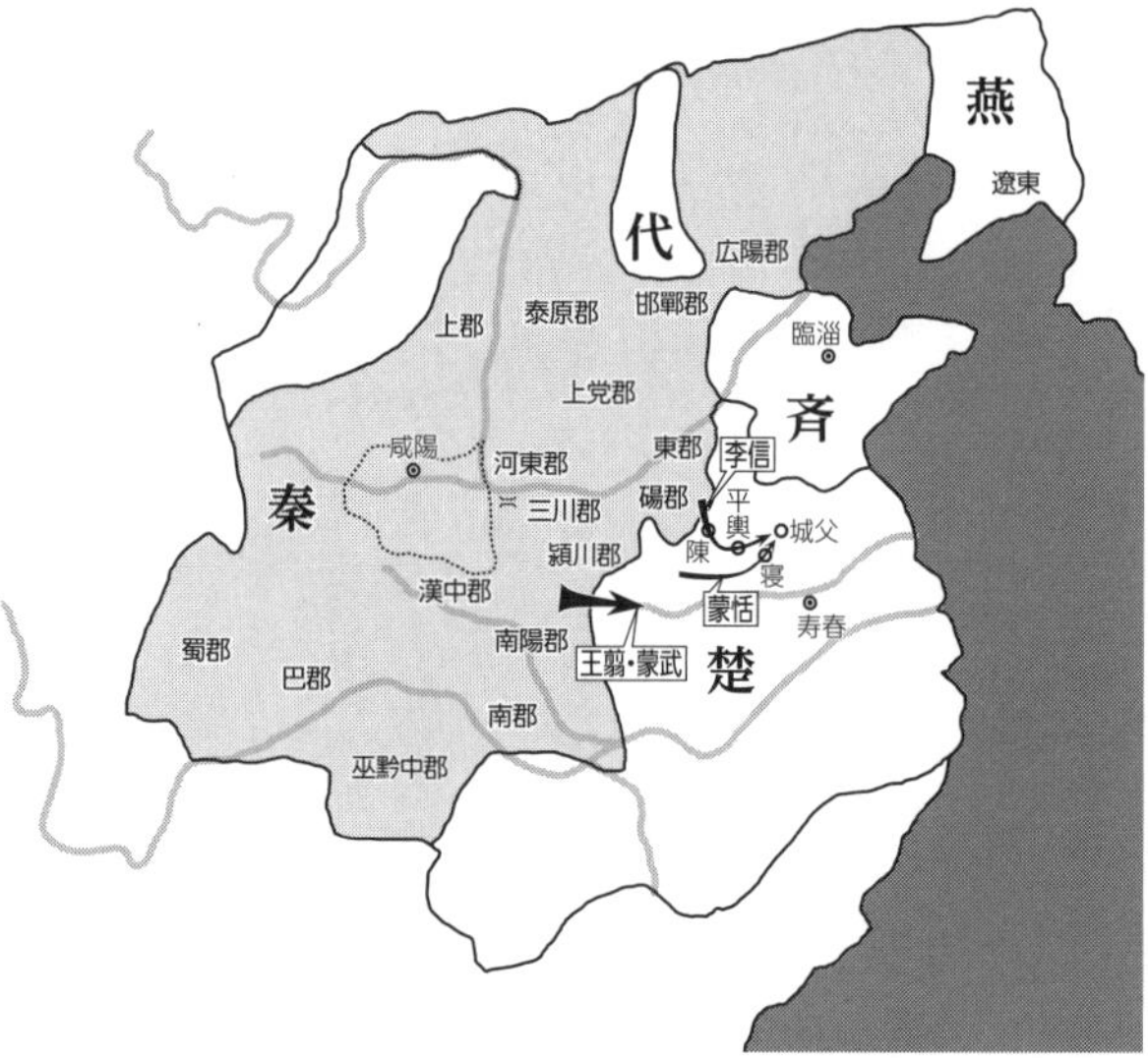

戦には六〇万の兵が必要であるという老将軍の王翦を差し置いて、二〇万人の軍勢で蒙恬と出陣したものの、楚に敗れることになる。李信は陳を越え平輿《へいよ》に、蒙恬は寝《しん》の地を攻め、二軍に分散したのが敗戦の理由であろう。両軍が城《じょう》父《ほ》で合流したところ、三日三晩頓舎《とんしゃ》（宿営）もせずに果敢に進撃してきた楚軍に奇襲され、秦軍は敗走した。若い李信と蒙恬には慢心があったのだろう。

　李信と蒙恬の敗戦を受け、

六〇万の王翦と蒙武が対楚戦に出撃し、楚軍を破り、将軍項燕を殺し、楚王負芻《ふすう》を捕虜にした。こうして楚は滅亡し、秦の占領郡が置かれた。旧都の陳には陳郡（一説に淮陽《わいよう》郡）、国都の寿春には九江《きゅうこう》郡が置かれた。楚の滅亡は始皇二四（前二二三）年のことである。

楚の滅亡をめぐっては、『史記』の始皇二三年、二四年の両年の記事に混乱がある。楚王の負芻が捕虜となった後、将軍項燕が昌平君を立てて楚王とした亡命政権が、淮南《わいなん》で秦に反乱を起こしたということが秦始皇本紀に記述されている。秦始皇本紀では、始皇二三年に楚王負芻が捕虜となって項燕、昌平君の亡命政権が立ち、翌二四年に王翦、蒙武の秦軍が楚軍を滅ぼし、昌平君の死、項燕将軍の自殺をもって楚国の滅亡としている。

しかし『史記』六国年表、楚世家、王翦列伝、蒙恬列伝では、始皇二三年に王翦、蒙武軍が項燕将軍を殺し、翌二四年に楚王負芻を捕虜にして楚は滅亡したとする。楚の滅亡は始皇二四年で共通しているが、楚王負芻を捕虜にしたことで滅んだのか、亡命政権の楚王昌平君の死と項燕の自殺をもって滅んだのかで異なっている。

一九七五年に出土した睡虎地《すいこち》秦簡《しんかん》は、楚の最期に新たな事実を提供してくれた。その

『編年記』には次のような記述があった。

「廿三年、興、攻荊、□□守陽□死。四月。昌文君死」（廿四年）□□□王□□（□の箇所は不明）。

始皇二三年に本格的な対楚戦が始まり、四月に昌平君とともに秦王を支えた昌文君が死亡したことがはじめてわかった。昌文君は楚人であっても秦王政を支えた重要人物であったことから、秦の『編年記』にその死が記載されたのであろう。『編年記』では翌二四年に、何らかの王の動向が記されている。年代から見ても楚王負芻の最期が記されていたのであろう。

また、一九九九年湖南省沅陵《げんりょう》県で前漢長沙《ちょうさ》王呉《おうご》臣《しん》の子の沅陵侯呉《げんりょうこうご》陽《よう》（前一六二年死）の墓（虎渓山一号漢墓）が発掘され、約千枚の竹簡が出土し、そのなかに閻昭《えんしょう》という人物が語った「日書《にっしょ》」が見つかった。人物名と同様、その書も『閻昭』と呼んでいる。日書とは、干支の日付によって吉凶を占うものである。

『閻昭』のなかには、過去の戦争の勝敗を干支で占った事例が多く見られる。秦の統一戦争、秦末の陳勝の乱、楚漢の項羽と劉邦の戦い、高祖劉邦政権時の諸侯の反乱などである。『史記』の記事は年代までは記しているが、月日まで記すことはとても少ないため、月日が記された『閻昭』は貴重な史料である。

そのなかに、李信と蒙武が登場する対楚戦の事例が見られる。李信と蒙武の名が既存の『史記』ではなく、地下から出土した竹簡に見られるのははじめてのことである。

竹簡の文字は「**秦将李信新民将蒙武以乙酉日東撃楚、其于数□**（秦将李信、新民将蒙武、乙酉《いつゆう》の日を以て東のかた楚を撃ち、其れ数に于て…）」（五四二）

「**秦攻荊、秦将軍李信新民将蒙武濕楚、□□**（秦、荊を攻め、秦将軍李信、新民将蒙武、楚に濕り…）」（五五四）の二枚である。

秦の将軍李信と新民将[*6]の蒙武が乙酉[*7]の日に東の楚を攻撃したという。末尾は断簡でわかりにくいが、『史記』から見ると敗戦したと書かれているはずである。乙酉の日に東方に出撃したことが良日の選択ではなかったというのであろう。『閻昭』には、西行の良日として庚申《こうしん》（57）・辛酉《しんゆう》（58）・庚子《こうし》（37）・辛丑《しんちゅう》（38）・辛亥《しんがい》（48）の五日が挙げられているの

＊6　蒙恬列伝では王翦のもとで秦裨将軍となっている。裨は助ける意味であるので、副将軍のことである。

＊7　1甲子から22番目。以下、干支の数字は甲子からの順位。

で、東行《とうこう》の良日もあったはずである。

さて『史記』によれば、対楚戦に失敗したのは、同世代の李信と蒙恬であり、李信と蒙武ではない。李信と蒙恬、王翦と蒙武という世代を異にした結びつきで対楚戦に対応したと理解してきたが、『閻昭』では李信と蒙武という連携があって、敗戦したことになっている。どちらを信じればよいのであろうか。秦の将軍たちの動きを見てみると、王氏や蒙氏の将軍一族内の連帯と、一族を超えた個々の将軍たちの世代間の連帯があったと思う。『史記』の記述を信じたい。『閻昭』は、そもそも秦の同時代の文書ではない。

ただ、『史記』には蒙武に関して間違った記述がある。秦本紀と六国年表に、昭王二二（前二八五）年に「**蒙武撃斉**（蒙武斉を撃つ）」という記事がある。昭王は蒙武の父・蒙驁《もうごう》の時代であり、蒙武の登場は早すぎるので、蒙驁の間違いだとされている。[*8] そうであれば蒙驁は母国の斉を攻めたことになる。

もし『閻昭』を信頼すれば、李信に経験ある蒙武が同行していたことになり、「若き二人の将の敗戦」という従来の見解を更新しなければならない。

コラム　戦争記事の干支と日書

『闇昭』では、戦争を起こした日付の干支《えと》（干は幹、支は枝）を問題にしている。『史記』の戦争記事は始皇何年という年号は記しているが、月時を記すのはまれで（たとえば「**始皇十三年十月桓齮攻趙**」）、干支の日時まで記したものは皆無である。

干支とは十干（甲乙丙丁戊己庚辛壬癸）と十二支（子丑寅卯辰巳午未申酉戌亥）を組み合わせたものであり、甲子《かっし》から癸亥《きがい》まで六〇通りで一回りする。十干《じゅっかん》は月の満ち欠けの一ヶ月の旬十日に当たり、十二支は木星の周期の十二年からきている。

秦漢の時代、数字よりも干支で日時を示すのが一般である。月と木星の周期を掛け合わせた六〇周期の数字は、古代の人々が月や木星などの天文の循環のなかで生活している実感を示すものである。六〇の日時には人間にとって積極的に行動すべき良日（吉日）もあれば、行動を慎むべき凶日（『闇昭』では罰日、困日という）もある。官吏は月の朔《さく》の干支と大月（三〇日）小月（二九日）、閏月（九月に後九月を付け一三ヶ月と

＊8　『史記会注考証』に引く清・梁玉縄『史記志疑』の説。

する）の一覧表を持ち、干支六〇の順序は暗記していたと思われる。

日時だけでなく一年という年も干支で示されていたが、史料にはわずかに見られるだけである。

王の即位の翌年からの年号が表に出るが、実は裏年号として干支が使われていた。『閻昭』では「皇帝元年は未《び》に在り」といい、漢元年は未年、前二〇六年に当たる。干支ではこの年は乙未《いつび》の年となる（『史記』正義注、「沛公乙未の年十月覇上に至る」）。始皇一〇年、『史記』秦始皇本紀の集解注《しっかいちゅう》では「徐広曰《いわ》く甲子《かっし》」という。始皇一〇年がちょうど干支の起点の甲子であることを確認したのであろう。干支の年号表記よりも王の年号表記の方が優先されるが、干支は王が代わっても、王朝が替わっても継続する。始皇二六（前二二一）年は始皇帝の天下統一の年で、干支は庚辰《こうしん》、辰の年であったことは覚えておいてもよい。先に挙げた兵馬俑に刻されていた「辛卯《しんぼう》」は、まさに始皇帝の死の年であった。

十二支を動物に配当することは、睡虎地秦簡の戦国時代の「盗者」と題した日書にはじめて見られる。[*9] 鼠牛虎兎□（文字が欠けているが龍か?）蛇鹿（現在は馬）馬（現在は羊）猿鳥羊（現在は狗）豕（中国ではいのししではなくぶた）の配当である。

ちなみに本書を執筆している二〇二四年は甲辰《こうしん》の年で、干支はめまぐるしく交替する王朝を超えて中国古代と現代の日本をつなげてくれる。吉川弘文館が毎年出している『歴史手帳』には年代表があり、起点は前二〇〇年の前漢高祖七年の辛丑《しんちゅう》、終点は二〇二四年令和六年の甲辰、そこから逆算する年数も記され、高祖七年は二二二三年前となる。

私たちも十二支の辰年をいまでも受け継いでいるが、甲辰が中国古代からの継承であることを認識するひとは少ないと思う。漢の高祖七年までさかのぼったのは西暦のきりがよい年数によったのであり、干支はさらに戦国時代までさかのぼることができる。

始皇帝嬴政の生誕は前二五九（昭王四八年）年で、壬寅《じんいん》（二二八一年前）。嬴政が秦王に即位したのは前二四七（荘襄王三年）年で、甲寅《こういん》（二二七〇年前）。始皇元年は前二四六年で、乙卯《いつぼう》（二二六九年前）。天下を統一して皇帝となったのは前二二一（始皇二

＊9　工藤元男『中国古代文明の謎』光文社、一九八八年、一五〇頁。

六）年で、庚辰（二二四四年前）。始皇帝が亡くなったのは前二一〇（始皇三七）年で、辛卯（二二三三年前）ということになり、始皇帝の時代も現代につながっている。

この干支は六〇年で循環する。それは人間の一生のサイクルとなる。年忌というものもあり、これは今の厄年に当たる。人生の七歳、一六歳、二五歳、三四歳、五二歳、六一歳（以上は数え年）には大事や婚姻を避ける。現在の厄年は男子で二五歳、四二歳、六一歳、女子で一九歳、三三歳、三七歳（いずれも数え年）であり、二五歳、三三歳、六一歳は『閻昭』の年忌に近いものがある。

厄年も陰陽五行の思想から来ている。始皇帝は五〇歳で亡くなるが、正月元旦生まれであり、正確には五〇年と八ヶ月生きたことになる。始皇帝も五〇歳を過ぎて五二歳の年忌が近いことを意識していたはずである。

『趙正書』には臨終のときのことばが残されていた。「吾は自分で天命を見ると、年五〇歳で死ぬことになっている。一四歳を前にして即位し、三七年間過ぎた。今年が死の年に当たっているが、その月日まではわからない。そこで天下に出游し、運気を変え、天命も変えようと思うが、かなわないだろうか」。年忌に直面すると、皇帝でさえもこのように弱気になる。

『史記』での干支の表記は、秦王の即位や死亡、戴冠など限られる。特例としては災害や反乱などの記述である。

古井戸から出土した里耶《りや》秦簡や益陽《えきよう》秦簡などの出土簡牘史料は行政文書を破棄したものであり、年月日が基本的に記されている。記入しなければ公文書として通用しないからである。司馬遷がどれだけ秦の時代の公文書を見ていたかわからないが、戦争記事にも本来は月時や日時が記されていたはずである。先に述べた廟算で見たように、戦争の前には勝敗の行方を多方面に算段した。当然軍隊の発動には干支や方角の善し悪しを十分見極めていたはずである。

李信らが楚に出兵した日にもどると、その日は乙酉《いつゆう》で罰日（罰を受ける日）の凶日となり、自然の理に背いた日となる。もちろんこれは漢代の人々が秦代の戦争の敗北の理由を日書から説明したものであり、李信らが乙酉の日をわざわざ選んだかどうかはわからない。しかし中国古代の戦争が、たんに恣意的に発動したのではなく、自然の摂理に従順であった側面は知っておいて間違いはない。

地図 9 燕・代(趙)滅亡時の戦国地図〈始皇25(前222)年〉

燕滅亡時の戦国地図
（始皇二五〈前二二二〉年）

燕滅亡の引き金となったのが、始皇二〇（前二二七）年に起きた秦王の暗殺未遂事件である。燕の太子丹《たん》が刺客として荊軻《けいか》という人物を秦に送り、秦王の暗殺を狙った。

この事件の発端の一つは、太子丹が秦国で質子として滞在していたときに冷遇されたことにある。始皇一五（前二三二）年に秦都の咸陽から逃げるようにして帰国した後、秦王に対する怒りが起こっていた。一方、太子丹が暗殺を依頼した荊軻の方は、始皇五（前二四二）年に故郷の衛の国が秦に占領されたことに発端がある。二人の秦王への復讐の念が一致したところで、事件が起こったのである。

暗殺未遂事件を記した『史記』秦始皇本紀は、秦の側の記録であり、『史記』刺客列伝は、『戦国策』に基づいた荊軻の側の記録である。事件の推移を追ってみると、当時の国際関係と密接に関わっていることがわかる。太子丹、荊軻の動きと、背景にある秦の東方への侵略との関係を読み取ってみたい。

燕の太子丹の太傅《たいふ》（太子の守り役）の鞠武《きくぶ》は、秦の最新の情報について太子丹に次のように語っている。

「秦の地は天下に偏《あまね》く、威は韓魏趙氏を脅し、北は甘泉、谷口の固有り[*10]、南は涇渭の沃有り[*11]、巴、漢中の饒《じょうほしいまま》を擅にし、隴蜀《ろうしょく》（隴山と蜀）の山を右にし、関殽《かんこう》（函谷関と殽山）の険を

＊10　渭北平原に甘泉山があり、涇水への入り口を谷口という。鄭国渠の取り入れ口。
＊11　涇水の東、渭水の北が鄭国渠の灌漑地。

左にし、民衆《おお》く、士厲《はげ》み、兵革に余あり」

これらは、秦に密かに入っていた従人（合従の遊説家）からの情報であろう。鞠武の得た情報は、秦の恵文王のころの合従連衡家のものとは違っていた。秦王政の元年から行われた韓の水工（水利技術者）鄭国《ていこく》による涇水の灌漑事業の成果を知っていたのである。

燕太子丹も荊軻を秦に派遣する前に、秦軍の情報を正確に得ていた。かれは荊軻にこう述べている。

「**今秦は已に韓王を虜にし、尽く其の地を納る**」

これは韓が滅亡し、その地を秦の潁川《えいせん》郡としたことを示している。そして次のように続く。

「**又兵を挙げて南のかた楚を伐ち、北のかた趙に臨み、王翦数十万の衆を将いて漳《しょう》、鄴に距《こば》み、李信、太原、雲中に出づ**」

この文によると、秦の王翦が趙都の邯鄲付近まで攻撃し、李信は北方の太原（泰原）、雲中に出軍していたことを知っていたことになる。

なぜ、敵国でありながら情報を得ることができたのか。実は太子丹は、秦の将軍・樊於《はんお》期《き》から聞き出していたのである。

樊於期は秦王に罪を犯して燕に逃亡してきたが、太子丹はかれをみずからの館に住まわせて受け入れた。いわゆる舎人である。秦の犯罪者を燕の国が正式に匿うことは避けた形であるが、結果的に、太子丹は秦の将軍から多くの情報を得たに違いない。

樊於期将軍はどのような罪を犯したのかはわからないが、父母宗族（一族）が連坐して殺されるほどの大罪（三族刑、父と母と妻の一族に連坐）であり、将軍の首には千斤（黄金千枚）と一万家の封邑の賞金が掛けられた。秦王は樊於期に怨みを抱き、樊於期もまた、秦王に怨みを抱いた。懸賞金まで懸けられた樊於期の一族は秦にあって、処刑されていたはずである。

後に荊軻のもとには、秦王への怨みから自らの意志で樊於期の首が差し出された。荊軻はそれを函《はこ》に収め、秦王への土産とした。

太子丹の客舎には、外国からの賓客《ひんきゃく》たちが集まっていた。秦将軍の樊於期とは別にもう一人、最高の待遇で上舎（上級の宿泊施設）に迎えられていたのが、荊軻である。荊軻は燕国からは上卿《じょうけい》という身分を与えられながら、太子個人の客舎に泊まっていた。最上級の待遇とは、食事には太牢《たいろう》の肉が具《そな》わり、*12 珍味も添えられた。車騎（戦車と騎兵）も用意され、美女が接待した。

なぜ、これほどの厚遇だったのか。荊軻は秦の都の咸陽に入ったことはなかったが、秦の対六国の最前線の情報を持っていたのである。

かれの出身は、小国の衛にあった。始皇六（前二四一）年、秦王政の時代の唯一の五カ国合従軍（韓魏趙衛楚）に参加した国である。衛は小国でありながら、大国とともに大国の秦を攻めた。結果的に衛君は秦によって、濮陽から野王《やおう》の地に遷された。衛が合従軍に加わったことを警戒してのことだろう。

衛はなぜ、合従軍に参加したのか。その前年の始皇五（前二四二）年に、秦の蒙驁将軍は魏の二〇城を奪い、衛の都・濮陽を奪って東郡を置いていた。衛からすれば、都の濮陽を秦に奪われたことから合従軍に参加したのである。

秦はこの小さな国を滅ぼすことはしなかった。衛君・角《かく》は一族とともに野王に遷された。そこはかつては魏の河内の地であったが、秦の河東郡の勢力下にあった。

荊軻は衛の国の名士であり、衛君が都の濮陽から野王に遷されたことで秦王への怨念を募らせた。荊軻の行動は、秦の前線基地の偵察であったように思われる。始皇一九（前二二八）年の戦国地図でかれの行動を追うと明らかになる。この時、荊軻は秦の泰原郡の近くの楡次《ゆじ》に入っている。明らかに、秦の占領地の動向を知るためであった。

荊軻を通して、燕の太子丹のもとには秦軍の情報が入った。秦の王翦将軍が趙を破り、趙王を捕虜にし、趙の領土が秦に併合されたこと、そしてさらに秦軍は燕の南の国境まで迫り、一日のうちには易水《えきすい》を渡るだろうというものである。易水には、燕の副都の下都（河北省易県）があるため、燕にとっては一大事である。

燕王は燕都の薊《けい》で荊軻を見送ったが、燕太子丹と丹の賓客たちはわざわざ白装束を着て易水のほとりまで来て見送った。かれらは荊軻は二度と戻ることがないという悲壮感のなかで、白い喪服を着用したのである。荊軻は死の間際に真の目的は秦王の暗殺ではなく、秦王を脅して燕地を占領しない約束を得ることにあったと自戒している。失敗すれば戻れない。献上する樊於期の首を収めた頭函《とうかん》は秦王の怒りを鎮めるものであろうし、匕首《あいくち》を忍ばせた燕の督亢《とくこう》の地図は、燕都に近い肥沃な土地を献上して秦王の内臣として服属する意志を示して油断させるためのものである。

易水を出発して咸陽に到着するまでの行程は、文献には何も伝えられていない。趙の都

＊12　本来は牛豚羊をそろえた祭祀の犠牲の供え物だが、ここでは豪華な食事のもてなしをいう。

の邯鄲は前年に陥落していたので混乱を避け、秦の泰原郡に直接入ったのだろうと思われる。燕王が正式に発行する割り符があれば、秦への入国は可能である。

咸陽に到着した荊軻は、秦王の寵愛する臣下の（中庶子の）蒙嘉《もうか》に千金の賂《まいない》を贈って取り次ぎを頼んだ。この蒙嘉という人物、将軍蒙恬の蒙氏一族との関係は不明だが、蒙恬の祖父蒙驁は斉から秦の昭王に迎えられた斉人であり、荊軻の先祖も斉人の慶《けい》氏であり、ここに何らかの斉人つながりの人脈があったのかもしれない。蒙嘉が金銭だけで動いたとは思われない。

秦王はわざわざ朝服に着替えて、賓客として荊軻らをもてなした。荊軻は秦王が地図を開く隙に、隠していた匕首を取り出して秦王を襲おうとしたが、秦王はとっさに身を引いた。荊軻は秦王を追い回したが、秦王の侍医の夏無且《かむしょ》が荊軻に薬嚢《やくのう》を投げてひるんだ隙に、秦王はみずからの長い剣を背負って抜き、荊軻を傷つけた。荊軻は匕首を秦王に向かって投げたが、柱に刺さった。結局、荊軻は秦王の側近に殺された。

この事件は、秦が燕を攻める口実となり、秦将の王翦と辛勝《しんしょう》が燕を攻撃した。燕には代《だい》国の軍も加勢して応戦したが、易水の西で敗北した。翌始皇二一（前二二六）年一〇月、王賁が父王翦の軍に合流し、燕太子の軍を破り、燕都・薊《けい》に入り、太子丹の首を取った。燕王の喜は遼東に逃げた（秦始皇本紀）。

ただ、ここで燕国は滅亡したわけではなかった。『史記』刺客列伝と『戦国策』巻三一の燕策三では、別の話を伝えている。太子丹は王賁に首を取られずに、父の燕王とともに精兵を率いて遼東に逃げた。若い将軍の李信が、燕王らを追撃した。李信は太子丹を遼東の衍《えん》水まで追い込んだところ、燕王は太子丹を斬り、丹の首を秦に献上したという。

秦始皇本紀は秦の側の記事で、刺客列伝と『戦国策』は荊軻と燕太子の側の記事であるために、どちらが事実であるのか、ここでも迷ってしまう。

王賁と李信、同世代の若き将軍のどちらが秦王暗殺事件の首謀者の首を取ったのか。秦からすれば、秦王の暗殺を企てた太子丹の責任を都で首を取って終わらせた方がすっきりする。しかし事実は、逃亡した燕王は延命を図って、子の太子丹を差し出したというものであったのだろう。

『史記』刺客列伝では、趙の亡命政権・代国の王である嘉《か》が[*13]、亡命していた燕王の喜に書簡を送ったことが見える。その文章は三四字で、竹簡で二枚、簡牘で一枚。時候の挨拶もなく、戦時下ならではの簡潔な内容である。

秦所以尤追燕急者以太子丹故也。今王誠殺丹獻之秦王、秦王必解而社稷幸得血食。

文面の内容は、秦が燕を追い詰めているのは太子丹に理由があるので、丹を殺して秦王に献上すれば秦王は和解し、社稷《しゃしょく》は残されるというものであった。

最後の部分の原文は、「社稷は幸いに血食するを得」という表現をしている。「血食」とは、犠牲の羊や豚などの動物の血を食して祀ることである。これは王が社稷（土地神の社と穀物神の稷）の祭祀に犠牲の動物をささげて食することができるということが、すなわち国家の存立を意味する。王が捕らえられ、都から遠方に遷されれば（一種の流刑で徙遷《しせん》刑）、社稷を祀る主がいないことになり、その結果社稷（国家）は滅ぶことを意味する。王は生きていても祭主とならなければ社稷は失われ、国は滅ぶことになる。

代王嘉も燕王喜と同じ苦境にあったので、お互いに理解しあい、それぞれに秦軍と戦いながら、書簡を交わしたのであろう。こうした史料は、『秦記』をもとにした征服側の秦始皇本紀の記録よりも、侵略された側の状況をよく伝えている。

秦軍は、遼東から朝鮮半島まで後退した燕王に振り回されたといえる。燕を滅ぼす口実を得ながらもかなわず、燕の亡命政権を残したまま中原の魏に目を転じた。

結果的に、都から遼東に遷った燕王の亡命政権は、五年間生き延びた末、始皇二五(前二二二)年、王賁将軍に滅ぼされることになる。燕王が捕らえられて国が滅んだのは、奇しくも、趙の亡命政権の代国と同時期であった。

秦はこの年、双方連携していた燕と代に集中して大規模な交戦を始めた。秦始皇本紀は「大いに兵を興す」と記す。王賁将軍はまず燕を遼東に攻めて、王を捕らえ、そこから兵を引き返す途中、代を攻めて王の嘉を捕らえた。王賁軍の前線基地は、旧趙の泰原郡であったのだろう。兵士もそこから調達できる。

燕王が捕虜となるまでは国が滅んだことにはならないため、燕国から見れば、五年も国を長らえたことになる。秦への抵抗が強かったというべきであろう。

---

*13 趙では、趙王の遷が秦に捕らえられた後、大夫たちが代の地に遷って亡命政権・代国を作っていた。悼襄王の嫡子・趙嘉を王とした代国は、六年間続く。

王賁が燕王を捕らえて燕を滅亡させたのと同時期、王賁の父の王翦将軍は、楚の江南の地を平定した。その前線基地は南郡であろう。王翦は楚の残党の越君を降伏させ、会稽《かいけい》郡を設置したという。

燕滅亡後の五月、秦王は天下に宴会を許可した。斉を残したが、韓・趙・魏・楚・燕の五国が滅んだことを祝勝させたのである。斉が戦う意志のないことは承知していたが、斉を油断させ急襲する策であった。五国といえば合従軍の五国であり、最後の始皇六（前二四一）年の五国（韓・魏・趙・楚・衛）合従軍には、斉は加わっていなかった。

斉滅亡時の戦国地図（始皇二六〈前二二一〉年）

五国が秦に滅ぼされ、残るは斉のみとなった。斉一国が秦に囲まれる最後の戦国地図を見てみよう。

斉が西の境界*14を防備して交通路を絶つなか、王賁将軍率いる秦軍は北から直接南下して奇襲した。すでに王賁は、燕を攻撃して燕王喜を捕らえ、さらに代王嘉を捕らえて両国を滅ぼしていた。その勢いのまま、王賁は斉都の臨淄《りんし》にて斉王建《けん》を捕らえ、六国最後の国を

地図10　斉滅亡時の戦国地図〈始皇26(前221)年〉

滅ぼすことになる。

　秦の側からこの地図を見れば、残った一国を秦の色に塗りかえるのは時間の問題となるが、斉から見れば、斉一国が四塞《しそく》（四方を自然の地形に塞がれた国）の国を守っていくこともありうる道であった。

　秦が斉を滅ぼす大義は、「斉王の后勝《こうしょう》の計を用い、秦使を絶ち、乱を為さんと欲す」ことにあったと秦王自身が後に

＊14　博関という斉の関所があり、近くで蚩尤《しゆう》という軍神を祀っている。

振り返っている。

斉の丞相の后勝は、そもそも秦の間金を受けていて五国を支援することはなかった。それはいったん湣《びん》王のときに滅んだに等しい斉が、戦国の動乱で生き残る道であったのだろう。王建は祖父の湣王を追放した魏・韓・趙・楚・燕を秦の侵略から助ける義務などないと考えたのであろう。

王賁将軍ら秦軍は、このとき秦の歴史上初めて斉都の臨淄《りんし》に入った。

かつて秦昭王二三（前二八四）年、五国軍が斉の湣王を攻撃し、王が莒《きょ》に逃亡したことがあった。そのときの五国は秦と魏・韓・趙・燕であり、田敬仲《でんけいちゅうかん》完世家では楚を含めた六国が参加していると伝えている。秦の尉（軍官）の斯離《しり》が魏韓軍とともに参戦し、済水《せいすい》の西で斉軍を破っている。そのなかで燕の将軍の楽毅軍だけが斉都の臨淄にまで入城し、財宝を略奪したが、秦軍は斉の西の国境で戦っただけであった。

かつて済水の西で五ヶ国に防戦した斉は、今回も同じ場所で敵軍を迎えようとした。しかし王賁軍が燕から南下したということは、斉の北から奇襲したことになる。斉国の北辺は、河水（黄河）を国境としていた。実際は河水は分流して河水のほか清河《せいが》、済水と少なくとも三つの河があり、これらを渡らなければ斉に入れない。斉は自然の河川を防衛線としていた。そこを王賁軍は不意に奇襲したのである。

はたして大河の流れる自然の国境を、容易に越えられたのであろうか。

秦の王賁軍が斉を攻撃したのは始皇二六（前二二一）年とあるだけで、月はわからない。この年は秦が中華を統一した年であるため、重要な一年が一〇月に始まったといえる。秦の暦では一〇月の冬が一年の始まりで、九月が年末となる。『史記』によれば、冬一〇月以降に斉を攻撃したことになる。

里耶秦簡[*15]には、王賁の名が記された簡牘があった。歴史上の人名が簡牘に記されるのはめずらしい。戊戌《ぼじゅつ》の日に大庶長の(王)賁が報告した文章のなかに「**已尽略斉地**（已《すで》に尽《ことごと》く斉地を略す）」ということが見える。戊戌は六〇日に一度の干支であり、一一月一五日の可能性がある。その時点で「已《すで》に」と言っているため、斉を滅ぼしたのは一〇月の可能性が高い。

冬一〇月に王賁軍が燕から南下して斉の国に入ることは、それほど難しくはない。夏の

＊15　二〇〇二年湖南省龍山県の里耶古城内古井戸から発見された、始皇二五年から二世皇帝二年までの簡牘三万八〇〇〇枚。

終わりから秋の増水時には、河水を渡るのは難しかっただろう。

斉王・建《けん》（在位前二六五～前二二一）は丞相の后勝の計略を聞き、戦わずして秦軍に降伏した。秦軍は斉王建を捕らえ、共《きょう》という地に遷し、斉を滅ぼして郡（斉郡）とした。

斉王建は前二六五年に即位し、在位四五年と長く、その間に戦争もせず、まさに四塞の斉国は閉ざされた平和な国であった。わずかに斉王建二八（前二三七）年、秦に入朝し秦王から酒宴でもてなされた外交を行っている。

他国が戦争に明け暮れる中、斉はなぜ、これほど長きにわたって戦争と距離を置いてきたのか。斉では、過去に湣王《びん》が五国に攻撃され莒に走り、楚の淖歯《どうし》に殺された事件の悪夢が強かった。そうした中、湣王の子の襄王法章《ほうしょう》（在位前二八三～前二六五）が莒人に立てられて斉国は再建され、太史《たいし》氏の女がその王后となった。のちに斉王建の母となる、君王后と呼ばれる女性である。君王后（王建一六年に死去）は賢人で知られ、秦には友好的な政策を行い、死後は丞相の后勝《こうしょう》がその方針を継承した。

秦が五ヶ国をつぎつぎと滅ぼしていくなか、斉はその戦争にも関わることなく、非戦の道を歩んだ。秦の昭王と斉の湣王、一時は東西の両雄としてあい並んだ勢力を誇示したが、その後の歴史が二国の運命を大きく変えてしまった。秦王政と斉王建、在位は三八年と四五年、前者は軍事大国の王に、後者は中立国の王となっていた。

斉王建の最期の悲劇は、田氏の斉の歴史をまとめた『史記』田敬仲完世家よりも、『戦国策』で詳しく、より正しく伝えている。

『史記』では、王建は降伏してから「共に遷《きょう》された」という。斉の民（斉人）は王建がすみやかに諸侯と合従して秦を攻めず、姦臣《かんしん》（斉の悪臣）や賓客《ひんきゃく》（秦の連衡の士）のことばを聴いて国を失ったので、つぎのように歌った。「松か柏か、建を共《きょう》に住まわせたのは客か」と。これだけだと歌の意味は不明である。司馬遷も、歌のなかに出てくる松柏《しょうはく》の意味を理解していなかったのではないかと思う。

『戦国策』巻一三斉六によると、秦は陳馳《ちんち》を派遣して斉王を誘って服属させ、五〇〇（平方）里の土地を与える約束をした。斉王は即墨《そくぼく》大夫の諫《いさ》めることばに耳を貸さず、陳馳の約束を受け入れ、ついに秦に入朝した。そして「（秦は建を）共の松柏の間に居らせ、そこで餓死した」という記述もあり、斉王建の死を伝えている。

斉人の歌は「松か、柏か、建を住まわせたのは客か」であった。『史記』は『戦国策』

の記事[*16]を採用しているので、「共の松柏の間に住まわせた」[*17]ことに意味がある。しかしこれだけでは、棺材に使われる松柏が建の死を予感させる程度のことを想像はするが、やはりしっくりいかない。

民衆の歌というものはおおむねお上《かみ》の政治を批判するが、直接批判することは避ける。斉人の批判は、斉王が秦の賓客に欺されたというだけに止まってはいないと思う。共の地の松と柏の間に遷されたことに悲劇があったという。

『戦国策』の前段の臣下とのやりとりにヒントがある。王建の臣下は「王を立てるのは社稷のためでしょうか、王のためでしょうか」と尋ね、王は社稷のためだと答えている。すでに説明したように、社稷の社は土地神、稷は穀物神を指し、国家を象徴する。臣下は社稷のためであるのに、なぜ社稷を去って秦に入ろうとするのかと諫めている。

松は周の社稷の樹木であり、柏（コノテガシワ）は東方諸侯（斉）の樹木である。周の社稷はすでに秦によって失われ、いま斉の社稷が失われようとしている。秦が王を遷した共の地は、洛邑にあった周の社稷の松と、臨淄にある斉の社稷の柏の間の地であった。強制されたとはいえ、松柏の間の地に遷ることを選んだ斉王建自身の過ちを批判したのである。秦に征服された東方の地の民衆の心情が読み取れる。

＊16　正確には『史記』より新しい『戦国策』の原本。長沙馬王堆漢墓で出土した帛書『戦国縦横家書』の系統の書。
＊17　もとの魏の都市。さきに衛の元君を遷した野王も近い。

撃した。結局楚軍に両者の軍は分断され、秦軍は敗北してしまった。秦王嬴政は王翦に兵を委ねることになり、楚を滅ぼした。

李信はその後、王翦の子の王賁と燕・斉を平定する軍に加わり、統一を実現する。六国のうち楚・燕・斉の三国を滅ぼした武将となる。

統一後の動向は不明だが、子孫に前漢の将軍の李広《りこう》がいる。李氏は槐里《かいり》から隴西《ろうせい》郡成紀県に移住したというから、李信はもともと秦の内史（畿内）の廃丘《はいきゅう》県（漢の槐里県、秦都咸陽の西）の出身であったようである。王翦・王賁一族と同様、もともと秦出身の将軍であり、秦王嬴政の信頼は厚かった。

王齮《おうき》（?～前二四四）――三代秦王に仕えた将軍

王齕《おうこつ》とも書く。秦の昭王、荘襄王、秦王嬴政の三代（わずか三日間即位の孝文王を入れれば四代）に仕えた将軍である。始皇三（前二四四）年に亡くなったので、秦王嬴政を支えたのは三年にすぎない。将軍としての活躍はもっぱら昭王のときである。

『史記』の初出は昭王四七（前二六〇）年、左庶長《さしょちょう》（第一〇級の爵位）王齕として趙の廉頗《れんぱ》と戦ったことが見え、上将軍武安君白起《はくき》のもとで副将として長平の戦いで戦績を挙げた

（『史記』白起列伝）。『史記』秦本紀によれば、昭王四九（前二五八）年に王齕は将軍に任命され、翌年に鄭安平《ていあんぺい》と邯鄲を囲んだが、楚と魏が救援したので、軍を引いている。

荘襄王三（前二四七）年に、上党を攻撃して占領郡の泰原郡を置いた同一記事を、秦本紀では王齕、六国年表では王齮と記している。王齕、王齮は同一人物と見られている。文字の旁《つくり》の乞と奇は漢音ではともにキであり、齕と齮は上古音では同音異字であったのだろう。

王齮は始皇三年に戦死した。この時、蒙驁《もうごう》が韓、魏を攻撃しており、韓の一三城を獲得するほどの大きな戦役であり、王齮もこの戦いのなかで亡くなったのであろう。『史記』初出の昭王四七年から戦死した始皇三年まで一六年間、秦に尽くした武将であった。若き秦王嬴政を支えた武将が、蒙驁、王齮、麃公《ひょうこう》であった。嬴政はまだ一三から一五歳で、好戦的な昭王時代の経験を、将軍から少年王に伝えたのであろう。

麃公《ひょうこう》（生没不詳）——謎の老将

若き秦王嬴政を支えた将軍の一人。『史記』には秦始皇本紀に二ヶ所しか登場しない。一ヶ所目は「**蒙驁、王齮、麃公等将軍と為り、王年少にして初めて即位し、国事を大臣**

に委ぬ」。二ヶ所目は「**二年、麃公卒《そつ》を将《ひき》いて巻《けん》を攻め、斬首三万**」。

蒙驁、王齮とともに一三歳で即位した秦王嬴政の将軍であったことと、始皇二（前二四五）年、魏の巻《けん》を攻撃して斬首三万という功績であったことがわかる。

睡虎地秦簡の『編年記』では「今（秦王・始皇帝）三年、巻軍」と、一年あとのこととして記述されている。「攻巻」（巻を攻む）（秦始皇本紀）ではなく「巻軍」（巻に軍す〈駐軍した〉）とわざわざ記しているのは、激戦であったことが想像できる。斬首三万というのも、魏の巻城の兵士を殲滅したことを伝えている。巻城は魏の都大梁の西北、黄河の南岸にあり、魏にとっての要地であった。

麃公の麃氏は大変めずらしい。後漢応劭《おうしょう》の『風俗通義』姓氏篇では、秦の皇帝の将軍麃公の子孫が麃氏であり、漢に麃宣《ひょうせん》、麃礼《ひょうれい》（『漢書』には見えない）がいるという。また魯に麃歆《ひょうきん》という人物がいるというのは、春秋戦国時代の魯にも麃氏がいたことになる。また麃は麃氏の出自となる秦の都市に由来しているとみられる。名の公は、実名ではない。司馬遷が前漢の長老の馮唐《ふうとう》を馮公と尊称しているように尊号である。

蒙驁、王齮とならんで若き秦王嬴政から見れば老将軍であった。情報も少なく謎の人物ともいえる。

楊端和《ようたんわ》（生没不詳）――趙を滅ぼした若き将軍

『史記』では秦始皇本紀に三回だけ登場する秦の武将である。

始皇九（前二三八）年の記事は、「**楊端和衍氏《えん》を攻む**」。このときに楊端和は、単独で魏の衍氏を攻めた。

一一（前二三六）年の記事は、「**王翦、桓齮、楊端和鄴《ぎょう》を攻め、九城を取る**」。楊端和は王翦、桓齮《かんき》と一軍にまとまって趙の鄴城を攻撃し、周辺の九城を取った。

一八（前二二九）年に趙都の邯鄲を三方から包囲した記事が最後となる。「**大いに兵を興し、趙を攻め、王翦上地を将い、井陘《せいけい》に下り、端和河内《かない》を将い、羌瘣趙を伐ち、端和邯鄲城を圍《かこ》む**」

楊端和は、王翦の下で羌瘣らと連携した動きを見せる。楊端和は占領地の河内の兵を動かし、邯鄲城を包囲した。翌年、王翦、羌瘣らは趙王遷を捕らえた。秦王嬴政（三二歳）は直後に邯鄲に入っている。

秦王嬴政と、王翦・楊端和・羌瘣の三将軍の関係は、かつての一三歳で即位した嬴政と三将軍（蒙驁・王齮・麃公）の関係とは違う。嬴政は信頼する三将軍の庇護の下、幼いときに邯鄲で迫害を受けた人々を探し出し、穴埋めにして怨念を晴らした。楊端和はその後史書には現れない。

桓齮《かんぎ》（?～前二三八）――斬首一〇万で震撼させた秦将

桓齮は、『史記』には六回登場する。

初出は始皇一〇（前二三七）年、「**桓齮将軍と為る**」。その翌年の一一（前二三六）年の記述は、「**王翦、桓齮、楊端和鄴を攻め、九城を取る**」。桓齮は王翦、楊端和と連携して趙の鄴城を攻め、九城を取った。

その後、一三（前二三四）年に趙の平陽を攻め、趙の将軍扈輒《こちょう》を殺し、斬首一〇万（「**桓齮趙の平陽を攻め、趙将扈輒を殺し、斬首十万**」）。しかし趙の大将軍の李牧に反撃されて、退去する（「**趙乃ち李牧を以て将軍と為し、秦軍を宜安に撃ち、大いに秦軍を破り、秦将桓齮を走らす**」）。

『史記』にはその後の動きは不明であるが、『戦国策』趙四「秦使王翦攻趙（秦王翦をして趙を攻む）」によれば、李牧が秦将桓齮を殺したと記し、これを悪《にく》んだ王翦が趙王の寵臣の郭開《かくかい》に金銭を与えて秦の反間にし、李牧らが秦に内通していることを伝えさせた。桓齮は始皇一八（前二二九）年の王翦の趙攻撃総力戦に参加していたことになる。王翦が桓齮を信頼していたことがうかがえる。秦王嬴政の統一戦争の前半を支えていた将軍の一人といえる。

羌瘣《きょうかい》（生没不詳）――趙を滅ぼした将軍

『史記』秦始皇本紀では始皇一八（前二二九）年、一九（前二二八）に二度だけ登場する。この二年間、秦は趙に対して最後の大規模な軍事行動に出た。羌瘣は王翦将軍や楊端和と連携して動いた。羌瘣も一軍の将として趙を攻めた。前二二八年に趙王遷を直接捕らえて趙を滅ぼしたのは王翦と羌瘣であったから、羌瘣も重要な働きをしたことになる。秦の将軍たちは実に連携がよく機能していた。羌瘣も六国を滅ぼした武将の一人となる。

しかしその後の行動は史書からまったく消えてしまう。羌という姓氏はほかに例がない。羌人は殷《いん》の卜辞には殷人が捕獲して犠牲の対象とした人々として知られる。羊を牧畜していた西戎《せいじゅう》だともいわれている（『説文解字《せつもんかいじ》』）。秦の穆公《ぼくこう》は西戎の覇者になったので、そのことから秦に服属していた部族の出身であるかもしれない。名前の瘣の字もあまり用いられない。瘣木《かいぼく》（傷ついた樹木）の意味や高峻な山の意味がある。

騰《とう》（内史騰・南陽仮守騰・南郡守騰）（生没不詳）――韓を滅ぼした将軍

秦は始皇一六（前二三一）年に韓から土地を献上され、南陽仮守《なんようかしゅ》の騰という人物に治めさせた。秦の郡の長官を、郡守あるいは郡泰守という。仮守とは、守が不在のときにほかの官職の者が代理で兼職したときの呼称である。騰は内史が本官であり、代理で兼職して南陽守となった。

秦は前年から魏に猛攻撃をかけていたので、この年には魏からも領地を献上された。翌年に内史騰が韓を攻撃して韓王安を捕らえ、韓の領土には潁川《えいせん》郡が置かれた。こうして韓は六国最初に滅亡することになる。

さらに睡虎地秦簡の『語書』の竹簡にも、始皇二〇（前二二七）年に南郡守騰に警戒令を下した文書が見える。この騰も同一人物だろうと考えられる。姓のわからない人物では、秦の穆公のときの内史の廖《りょう》、昭王のときの五大夫《ごたいふ》の礼《れい》、蜀守《しょくしゅ》の若《じゃく》、五大夫の陵《りょう》、将軍の摎《きゅう》など多い。君主に対して臣下は姓を称さずに、臣某と称して忠誠を示していた。

王氏一族（王翦《おうせん》〈生没不詳〉・王賁《おうほん》〈生没不詳〉・王離《おうり》〈生没不詳〉）――宿将の三代将軍

王翦・王賁・王離の三代将軍は、秦王始皇帝を支え続けた。始皇帝の天下統一の実現には、王氏と蒙氏一族の強力な支えがあった。蒙氏一族は秦昭王から三代の王・皇帝に仕えたが、王氏一族は秦王始皇帝と二世皇帝の二代に仕えた。二世皇帝の治世では蒙氏一族はすでに滅び、王氏一族の王離だけが残った。

王翦の出身は都咸陽の東北、秦の内史（畿内）の頻陽《ひんよう》県東郷《とうきょう》で、純粋の秦人である。蒙氏が斉人であったのとは大きく異なる。司馬遷は、王翦を始皇帝も師として仰ぐほどの宿将[*1]であったという。

王翦・王賁父子は二世皇帝のときには亡くなっていると言われているので、王翦は秦王嬴政が即位してから統一時まで少なくとも二六年は仕え、その後引退したのであろう。蒙驁は途中で戦死したため宿将には至らなかったので、宿将は秦将では王翦だけに付けられた尊称であろう。王翦は最後まで統一戦争の任務を全うし、老齢で引退（帰老）した。帰老とは、老齢で故郷に帰ることである。

王氏一族のうち王賁は、秦王嬴政、蒙恬、李信と同世代である。老世代（王翦は秦王嬴政に老臣と自称している）の王翦は、若い李信と楚への出兵をめぐって競い合ったが、若い王賁は対燕戦では父王翦から戦場で直接経験を学び、同世代の李信と連携して遼東まで遠征して燕王を追い、その後、李信と斉に入って滅亡させた。一方魏を滅ぼす戦闘では、単独で果敢に行動した。

王賁の名前の賁の字は、虎のように勇猛に賁《はし》る意味であり、勇力で秦武王の高官となった孟賁《もうほん》を意識したものであろう。孟賁は生きた牛の角を引き抜く怪力があり、武王とも鼎《かなえ》を競って引き上げる力比べをしたことがある。

王賁は魏王を捕らえるために、魏の都大梁城に黄河の水を引いて三ヶ月もかけて持久戦を行い、王を捕らえた。そこには軍事的な知恵と忍耐力を見ることができる。

秦の将軍にとって、六国の王を生きたまま捕虜にするのは最上の功績であった。王翦・王賁父子は、二人合わせてほぼすべてを成し遂げたといってもよい。王翦は趙王遷、楚王

＊1　経験の多い老将軍。宿は「昔からの」の意味で、宿願・宿望・宿敵も同じたぐいのことば。

負芻を捕らえ、子の王賁は魏王仮、燕王喜、代王嘉、斉王建を捕らえた。一方競い合った将軍蒙氏一族は、蒙武が王翦とともに楚軍を攻め、昌平君と項燕を死に追いやっただけであった。

統一後、王翦の動向は見えないが、琅邪台《ろうやだい》の刻石には列侯通武侯王賁と武城侯王離の父子の名前が記されている。秦の時代、列侯の爵位は臣下二〇等爵の最上位であった。

李斯が作った扶蘇に宛てた始皇帝の偽詔に、蒙恬に代えて副将の王離に兵権を委ねるとあるので、二世皇帝の時代は三代目の王離が秦の将軍となった。王離については、名将という評価と、三世の将軍には長らく殺戮を重ねてきたのでその報いがあったとの評価で分かれていた。王離の戦績は、二世三（前二〇七）年鉅鹿《きょろく》の戦いで趙王を包囲するも、項羽の援軍に敗北して捕虜になった記録しかない。王翦・王賁、蒙驁・蒙武・蒙恬の名将がいなくなった秦には、東方の諸将の反乱を抑えることはできなかった。

蒙氏一族〈蒙驁《もうごう》〈～前二四〇〉・蒙武《もうぶ》〈生没不詳〉・蒙恬《もうてん》〈～前二一〇〉・蒙毅《もうき》〈～前二一〇〉〉
——斉出身の三代将軍

蒙驁、蒙武、蒙恬は秦昭王、荘襄王、始皇帝の三代に仕えた将軍の家系であり、祖先は斉人であるという。

蒙驁は斉から秦に入って昭王に仕え、上卿《じょうけい》の高官になった。昭王の治世五七年間のうち、いつ秦に入ったかは記録がない。斉の孟嘗君田文も一時丞相に招聘されているが（昭王九・前二九八年）、蒙驁がそのときに秦に入ったと見るのは早すぎる。斉の湣《びん》王が秦の昭王とともに王の上の帝号を称したのは昭王一九（前二八八）年のこと、その後、五ヶ国軍が湣王を攻め、湣王は莒《きょ》に逃れて亡くなった。この斉の危難のときに、蒙驁は斉を棄てて秦に亡命したのではないかと思われる。

秦本紀、六国年表には、「**（昭王）二十二（前二八五）年蒙武斉を撃つ**」と記されている。しかしこれは蒙驁の子の蒙武ではなく、蒙驁の間違いであると見られている。蒙武は始皇二四（前二二三）年に王翦と楚を攻撃しているのは事実であり、それよりも六一年も前に斉を攻撃している記事はおかしい。

蒙驁であれば、始皇七（前二四〇）年の死まで四五年間も秦の武人であったことになる。蒙驁は亡命後すぐに母国の斉を攻撃し、荘襄王元（前二四九）年には秦の将軍となっており、これは斉人出身の外国人でありながら秦から信頼を得たことを物語っている。
蒙驁はその後、韓・趙・魏を続けて攻撃し、韓には三川郡、魏には東郡の占領郡を置く功績があった。蒙驁は始皇七年に「将軍死す」と秦本紀・六国年表に記録されているが、蒙恬列伝では「蒙驁卒《しゅっ》す」とわざわざ文字を換えている。高位の人間の死は、「死」と直接表現せず、卒《おわ》る意味の「卒」の字を使う。「昭襄王卒す」「荘襄王卒す」のように秦王と同じである。

さらに秦始皇本紀の記事は、彗星《すいせい》の到来と合わせた特別の扱いである。「この年、彗星が東方に出で、北方に見《あらわ》れ、五月に西方に見《あらわ》る。将軍驁死す。以て龍、孤、慶都《けいと》を攻め、兵を環《かえ》して汲《きゅう》を攻む。彗星はまた西方に見ること一六日。夏太后死す」

この秦始皇本紀の記事から、彗星という不吉な天文現象のなかで蒙驁は魏との戦争で亡くなったことがわかる。この彗星は周期七六年のハレー彗星であり、貴重な記録である。東の上空から地平線に向かって北、西に向かって彗星が降り、いったん太陽に接近して周回するために消え、ふたたび西に現れて上空に上って一六日間観測できた。最接近が五月、消失してもすぐに翌日には現れるので、将軍も五月に死去したことがわかる。上空に消えていった後に始皇帝の祖母、荘襄王の実母の夏太后が亡くなった。彗星は不吉な予兆と考えられ、前漢馬王堆帛書《はくしょ》『天文気象雑占』には赤灌《せきかん》の彗星は、大将軍の死の予兆と記されている。

将軍の戦死が記録されるのはめずらしい。多くの将軍の最期は不明であることが多い。「将軍鶩死す。以て龍、孤、慶都を攻め、兵を環して汲を攻む」の部分は文法的におかしく、文字の錯簡があると言われている（『史記会注考証』）。「将軍鶩、龍、孤、慶都を攻むるを以て死し、兵を環して汲を攻む」と読むとわかりやすい。蒙鶩は趙の龍、孤、慶都を攻撃していたときに戦死したので、兵を撤退させて魏の汲を攻めたのである。蒙鶩が秦の大将軍として趙で戦死したことを、尊厳をもって記録した。秦王嬴政二〇歳のときであった。

蒙鶩の孫の蒙恬は、あえて祖父の国の斉を攻撃して滅亡させ、畿内を守る内史の官となった。蒙恬の特筆すべき功績は統一後に三〇万の兵を動員して戎狄《じゅうてき》（匈奴）を追い、河南[*2]の地を収め、臨洮《りんとう》から遼東まで万里の長城を築いたことである。

始皇帝が最後の巡行で病になったときに、蒙恬の弟の蒙毅は、山川に治癒の祈祷を行っ

＊2　河南省ではなく内モンゴル自治区を東西に流れる黄河の南。オルドスともいう。

ている。蒙恬と蒙毅の兄弟に対する始皇帝の信任は厚かったが、蒙毅は趙高に死罪を下したことから、趙高は蒙氏一族の壊滅を図った。趙高は趙の国の王族の遠縁であったから、趙高と蒙恬・蒙毅の対立は、もとをたどれば趙の趙氏と斉の蒙氏の対立と見てもよいかもしれない。始皇帝の死後、臣下の大臣間の勢力関係のバランスが大きく崩れてしまった。

二世皇帝は趙高の意志によって、先帝の忠臣であった蒙毅と蒙恬に死罪を下した。『史記』では始皇帝の遺詔と偽ったとされるが、『趙正書』では胡亥が即位してから兄の扶胥《ふしょ》（扶蘇）とともに中尉の蒙恬を殺したとだけ記している。蒙毅は胡亥を太子に立てる先帝の遺志に反した不忠の罪、蒙恬は連坐であった。

二人はそれぞれ収監されていた牢獄で発したことばが残されているが、二世皇帝には届かなかった。『史記』蒙恬列伝に残された二人の臨終のことばは、亡き始皇帝に訴えかけているように思われる。

大臣蒙毅は「**道を用いて治むる者は罪なきを殺さず、罰は辜**《つみ》**無きに加えず**（道に基づいて政治を行う者は無実の者を殺すことはしないし、罪なき者に罰を加えたりしない）」と言い、将軍蒙恬は「**我天に何の罪あるも過ち無くして死するか**（自分は天にどのような罪を犯したから過失もないのに死んでいくのだろうか）」と言った。

蒙恬は罪があるとしたら、臨洮《りんとう》から遼東まで築いた万里の長城が地脈を断ち切ったことにあるかもしれないと付け加えた。始皇帝の命で成し遂げた誇るべき長城建設の功績を罪としなければならない不条理を、最期に訴えたのである。

蒙毅は殺され、蒙恬は薬を飲んで自殺した。国外の斉から入り秦王三代に仕えてきた近臣蒙氏の子孫は、ここで断絶した。

昌平君《しょうへいくん》（?～前二二三）——秦王を支え、秦王に抗戦した楚人

名前は伝わっておらず、秦王を支えた謎めいた人物として重要である。楚の王室の公子でありながら、他国の秦の危機を救った。秦の相邦《しょうほう》となり、嫪毐《ろうあい》の乱で秦王を助けた。かれははたして、秦の国に命を懸けた人間であったのだろうか。

「君」といわれるのは、秦の商君公孫鞅《こうそんおう》（商鞅）、昭王の弟の高陵君顕《けん》（嬴顕《えいけん》）と涇陽君悝《けいようくんかい》（嬴悝）、将軍武安君白起、長安君成蟜のように、列侯*3など高い爵位をもった者の称号である。楚の王室の人間が秦に迎えられたのは、昭王の夫人・羋《び》八子《はっし》宣太后の一族の前例があ

*3　二十等爵制の最高位。

り、宣太后の同父弟の将軍・羋戎《びじゅう》 華陽君、宣太后の異父弟で秦の丞相となった穰侯魏《じょうこうぎ》冄《ぜん》らがいる。羋戎は楚人でありながら、楚を攻撃し新市の地を奪っている。

他国秦のために自国の領地を攻撃する。その国際感覚はどのようなものであったのだろうか。宣太后は昭王治世の前期に太后として権力を掌握した。宣太后に付き従って秦に入った楚の一族は、秦の国のためよりも一族の宣太后の権力を維持するために行動していたと言ってよい。楚を棄てたわけではなく、それが結局は楚のためになるという思惑があったのであろう。宣太后が昭王四二（前二六五、昭王六一歳）年死去すると、穰侯魏冄は咸陽を去り、陶《とう》に下った。

始皇帝の祖父・孝文王の華陽夫人も、荘襄王と秦王政の初期に華陽太后として政権を握った。宣太后の再来のようであった。華陽夫人も楚の出身である。華陽夫人が昭王の子の太子孝文王に嫁《か》したときに、弟の陽泉君《ようせんくん》や姉も秦に入っている。呂不韋は陽泉君や姉を通して、始皇帝の父の異人を太子のちの孝文王の後継とすることを約束させた。異人は楚出身の華陽夫人に取り入るために、子楚と改名した。

昌文君と昌平君も華陽夫人に従って秦に入った楚人であり、昌平君は要職の相邦に就いた。二人は楚を棄てて秦に仕えたというよりも、一族の華陽太后羋《かようたいごうび》氏のために仕えたといえる。呂不韋は陽泉君に対して、異人を華陽夫人の子とすることが、華陽夫人一族の繁栄になると説得した。

孝文王が即位三日にして死去し、華陽夫人は太后になったが、秦王政が即位しても太后であり続け、始皇一七（前二三〇）年に亡くなった。秦王政の母も太后になったので、二人の太后（太后と皇太后と区別はしない）がいたことになる。秦王政の母は名も残っていないので、母太后や帝太后と呼んでいる。帝太后は華陽太后の死の二年後に亡くなっている。

昌平君は、華陽太后が死去した後の始皇二一（前二二六）年、楚の都の郢《えい》（寿春）に帰った。楚では幽王《ゆうおう》の死後、弟の哀王《あいおう》が即位したが、すぐに庶兄の負芻《ふすう》に殺され、楚の王室は混乱していた。そのことも気になりながら、華陽太后という支えが無くなれば、秦に滞在する必要はなくなったのである。

始皇二三（前二二四）年、昌平君は、楚の将軍項燕《こうえん》に楚王に立てられて秦に抗戦した。王室の羋《び》氏として、楚王に立てられたのである。やはり楚人の昌平君は、最期は楚のために秦と戦った。翌年、死去し、項燕は自殺した。

睡虎地秦簡の『編年記』に、昌平君が今《きん》（始皇）二一（前二二六）年に楚に帰国したことが記されている。『編年記』は、秦が楚を占領支配した南郡の地方官吏の年代記である。わざわざ秦を離れて楚に帰国したことを記し、秦の地方官吏が警戒するほどの重要な人物であったのであろう。秦の内政を熟知した楚人であった。

昌文君《しょうぶんくん》（?～前二二四）――秦王を支え、故郷に死した楚人

名前は伝わっておらず、楚の王室の公子といわれ、昌平君とともに、嫪毐《ろうあい》の乱では秦王を支えた。睡虎地秦簡の『編年記』に、今《きん》（始皇）二三（前二二四）年、秦が項燕と昌平君を攻撃した年の四月に「昌文君死す」と記されていた。昌文君の死は『史記』に記載がなく、はじめてわかった事実である。『史記』秦始皇本紀では翌年の始皇二四（前二二三）年に昌平君が死去し、項燕が自殺したと記している。

昌文君の死は、秦にとってどのような意味があったのだろうか。昌文君も楚人として華陽太后を支えたが、始皇一七（前二三〇）年の太后の死後しばらくして楚に帰ったのであろう。昌文君の意志というよりは、華陽太后の死にともなう秦側の意向であろう。秦側も、楚人である昌文君の役割は終えたものとして、帰国を命じたのであろう。しかし秦の王室の内情を知る外国人として、警戒する必要があった。

昌文君の死の年に、嬴政みずから旧楚都の陳を訪れている。かつて嫪毐の乱で若き秦王を支えてくれた昌文君への弔いの気持ちもあったかもしれない。しかし一方、これは楚を滅ぼす前年のことであり、楚への攻略の手を緩めることはしなかった。

呂不韋《りょふい》（?～前二三五）――仲父《ちゅうふ》として権力を握った大商人

戦国時代の韓の陽翟《ようてき》あるいは魏の濮陽の出身の大商人呂不韋が、趙の都・邯鄲で秦の太子安国君（孝文王）の子の子楚と出会ったときから、まだ生まれぬ始皇帝嬴政の歴史が始まったといえる。歴史は偶然の積み重ねであれば（そもそも必然の歴史などないが）、安国君が昭王の太子となったのも悼《とう》太子が質子《ちし》として魏で偶然亡くなったからであり、質子として邯鄲に出されていた子楚が、安国君の二十余人の子のなかから後継となったのも、なるはずもない偶然であった。

子楚の実母は安国君の夏姫《かき》であるが、呂不韋は安国君の正夫人である華陽夫人に子がいなかったことから、商人としての才覚から千金の財を費やして画策し、子楚を安国君の嫡嗣《ちゃくし》（太子が王になったら太子となる）となる約束を取り付けた。一方、呂不韋のもとですでに身ごもっていた邯鄲の愛姫を子楚が見初めて夫人とした。愛姫は趙の豪家の女《むすめ》であり、名前は残っていない。愛姫が子楚の夫人となってから生まれたのが嬴政であり、竹簡文書の『趙正書』の発見から姓名は趙正に修正できる。

『史記』呂不韋列伝では嬴政は呂不韋の子であり、『史記』秦始皇本紀では荘襄王子楚の子であるとして食い違う。前者は、始皇帝が秦王室の系統からはずれて東方の商人の子であるという、一種の反始皇帝伝説として理解できる。ともかくも呂不韋と子楚と愛姫の邯鄲での偶然の出会いから嬴政、のちの始皇帝が誕生した。


呂不韋は子楚と邯鄲を脱出し、妻子は遅れて咸陽に入った。呂不韋は昭王の死、安国君(孝文王)の即位と三日後の急死を経て、荘襄王元(前二四九)年に丞相に就任し、河南雒《らく》陽《よう》(洛陽)の食邑《しょくゆう》一〇万戸を与えられ文信侯と呼ばれた。ちょうど秦が三川郡を置いたときと重なる。

秦の植民地の三川郡は、丞相(相邦)[*4]呂不韋の存在と切り離せない。呂不韋の勢力は戦国の四人の封君《ほうくん》(魏の信陵君、楚の春申君、趙の平原君、斉の孟嘗君)にも匹敵する。全国から人材を集め、食客三千人を集めたという。その人材の受け入れ口が、三川郡の雒陽であった。呂不韋は嫪毐《ろうあい》の乱に関わったとして相邦を罷免され、咸陽から雒陽に下ったが、そこでは諸侯、賓客、使者たちが道に列をなして集まったという。呂不韋のもとに集まった人々は、何を求めたのであろうか。秦王は呂不韋の復活を恐れた。呂不韋は最期はみずからの雒陽の領地で鴆酒《ちんしゅ》を飲んで自殺した。『皇覧』によれば、墓は雒陽の北邙山《ほくぼうざん》にあるという。

雒陽には、東に成周城と、西に一五キロメートル離れた東周王城という二つの拠点がある。秦の三川郡の役所は西の旧都の東周王城に置かれ、呂不韋個人の雒陽の居城は東の新都・成周城にあり、一定の距離が置かれていた。

呂不韋の食邑一〇万戸とは、前漢末でさえ雒陽の人口は五万戸強であったので、とても大きな封地である。そこを秦の呂不韋は抑えていたことになる。里耶秦簡には「**丞遷大夫居雒陽城中能入貲在廷**」という記述があり、「雒陽城」という表記から城郭都市であったことや、『史記』の史料どおり秦の時代には洛陽を雒陽と記していたことが確認できる。

呂不韋は韓・魏・趙の国境を自由に越えた商人としての国際感覚を持ち、それが若き秦

＊4 『史記』呂不韋列伝では丞相、秦本記では相邦と混乱がある。

王嬴政の相邦を務めていた頃の外交と戦争に活かされていた。商人として基盤を置いていた韓・魏・趙に軍事的に進出する動きは、十代の若き秦王の意志とはとうてい考えられない。始皇四（前二四三）年、趙にいる秦の質子を趙から帰国させ、趙の太子を秦から趙に帰している。外交上の一種の断交である。

始皇五（前二四二）年に設置した占領郡の東郡は、呂不韋の故郷である濮陽の地を中心とする地域であり、呂不韋が商人として熟知していた土地であった。濮陽は黄河に面した交通上の要地であり、自立した経済力をもっていた。蒙驁将軍の魏地への侵略戦争（始皇三～五年）を続けた結果、占領郡の東郡が置かれることになる。また濮陽は小国の衛の都であった。その君主の衛君・角を殺さずに、一族ともに野王の地に遷す政策も、呂不韋の判断であったと思われる。

呂不韋のもとに集まった食客の数は、誇張はあるが三〇〇〇人で、かれらは無駄に寝食を与えられたわけではない。豊富な知識や技量を持った人材を自由に活用するために、食を与え客舎に泊める。かれらの知識を収録して二十余万言の書物にまとめたのが、『呂氏《りょし》春秋《しゅんじゅう》』の書であった。

これはもともと『八覧《はちらん》』『六論《りくろん》』『十二紀』の三部作が別個に成立した書であり、『十二紀』は始皇六（前二四一）年に成立、『八覧』は始皇一〇（前二三七）年に罷免後に成立したと考えられる。本書を一枚の竹簡に二五字ずつ書き記すと、約八〇〇〇枚となる。これらを人の集まる咸陽の市場の門前に並べ、東方から来た游士《ゆうし》（遊説家）や賓客たちに修正できる箇所があれば、一字ごとに千金（一斤二五〇グラムの金餅《きんぺい》一〇〇〇枚）を与える懸賞金を準備した。完成度の高い書物への自信と、絶えず新しい知識を柔軟に受け入れようとする呂不韋の姿勢の表れである。

とくに『十二紀』は、秦王自身と官吏が一年一二ヶ月、春夏秋冬の季節に応じた行事を政治上の指針として記したものである。嬴政がいくら呂不韋を失脚させても、呂不韋の知的遺産は死後も二〇年以上、成人後の秦王嬴政、始皇帝嬴政の行動の指針となっていった。『十二紀』に一月孟春には「木を伐るを禁止し、巣を覆《くつがえ》す無かれ（樹木の伐採を禁止し、雛が育ったばかりの鳥の巣を壊してはならない）」とあり、陽気がはじめて生ずる立春は草木が芽生える季節であり、これを遮断させないこと。睡虎地秦簡の田律の法律には「春二月敢えて材木を山林に伐り、隄水《ていすい》を雍《ふさ》ぐ毋《な》かれ」とあり、小川の流れを塞いではならないとある。川の魚の卵から生まれる幼魚を保護するための法令である。窃盗、傷害、殺人を罰することだけが法律ではなかった。

『十二紀』がまとめられた始皇六（前二四一）年には、東方の最後の合従軍が秦の都の咸陽近くまで押し寄せた。『十二紀』の秋三ヶ月は戦争の季節である。呂不韋のまとめた正義の戦争論として、次のようなことがまとめられている。①無道を攻めて不義を伐つ②敵地に入っても民衆を庇護して殺さない③五穀の農作物を損なわない④墳墓を掘らない⑤樹木を伐らない⑥倉庫を焼かない⑦家屋を燃やさない⑧六畜《りくきゅう》（家畜）を奪わない⑨捕虜も記録してからすぐに解放する。こうした亡き呂不韋の書が、秦王嬴政の戦争に大きな影響を与えていったと思われる。

呂不韋の自殺によって、秦王は呂不韋が集めうる貴重な人材を失うことになる。秦から東に遠く離れた三川郡と洛陽の地を舞台として、秦の命運を左右する人々の動きがあったと思われる。始皇帝亡き後、丞相李斯の長男の李由《りゆう》は、三川守（郡守）としてこの地に赴任した。農民反乱の陳勝《ちんしょう》呉《ご》広《こう》の軍の通過を阻止しなかった責任を問われ、丞相李斯にも責任が及んだ。秦にとって函谷関の東の三川郡は、それほど重要な拠点であった。

嫪毐《ろうあい》（?～前二三八）——仮父《かふ》として権力を握り、反乱を起こした趙人

嫪毐はもとは呂不韋の舎人で、呂不韋に代わって秦王嬴政の母の帝太后の愛人となった人物である。始皇九（前二三八）年、嬴政二二歳のときに起こった嫪毐の乱は、秦王側と嫪毐側に二分して戦う大きな内戦であった。嫪毐は秦王嬴政を支えた人物ではなく、嬴政に敵対する人物としてとらえられるが、事件が起こる前までは秦王朝を支える存在であったことを忘れてはならない。

嫪毐の家の奴婢は数千人、仕官を求める舎人は千余人もあったという。嫪毐と帝太后の間には二人の子があり、嬴政の義弟となる。嫪毐は嬴政から言えば仮父《かふ》（母の後夫《こうふ》）であり、事件の前までは嬴政にとって仲父《ちゅうふ》*5の呂不韋とならぶ大きな存在であった。事件直後に斉客の茅焦《ぼうしょう》は、陛下は仮父を車裂にしたと述べている。

呂不韋が相邦、嫪毐はおそらく郎中令のような宮殿を管轄し、秦王と太后のもとに自由に往来できる内官として棲み分けはできていたのであろう。後の丞相の李斯と郎中令の

*5　父の弟を仲父というが、斉の桓公が宰相の管仲を仲父と尊称し、秦王嬴政も呂不韋を仲父と尊称した。

趙高に当たる。

嫪毐は反乱のときには秦王と太后の御璽《ぎょじ》を矯《いつわ》って兵を出した。身近にあった本物の御璽を持ち出して不正に使用したのであり、御璽の偽造品を作ったわけではない。秦王側の勝利は、その後の成人秦王嬴政の親政が進められる契機となった事件としても重要である。秦王側の正当性を強調し、嫪毐の人格を貶める見方は避けなければならない。

嫪毐側には衛尉（宮殿警護の中央高官）、内史（畿内管轄の中央高官）、中大夫令（宮殿管理の郎中令の属官）の中央高官が加わり、その管轄下の県卒（内史管轄下の県の兵士）、衛卒（衛尉管轄下の兵士）、官騎（騎兵部隊）、戎翟君公《じゅうてき》（秦に服属していた西方民族の首長）、舎人（嫪毐個人の食客）などを兵力として動員できたことを見ると、帝太后の後宮に宦官を偽って出入りし、二人の子を設けただけの間男ではなく、若き秦王嬴政の中央政権を一定程度支えていた人物であったことがわかる。長信侯嫪毐は、君と尊称はされなかったが、実質は秦の封君《ほうくん》といってよい。

しかしながら成人を迎えた秦王嬴政が親政を行っていくには、相邦の呂不韋だけでなく嫪毐からも離れ、かれらを排除しなければならなかった。嫪毐が嬴政を成人の儀を行う予定であった旧都雍城《ようじょう》の蘄年宮《きねんきゅう》で襲うという陰謀が密告され、秦王側が先手を打って咸陽で嫪毐を攻めて激戦となったと伝えられるが、その実、秦王側の仕掛けた事件であったと思う。

この乱で、嫪毐側の兵士数百人が斬首された。秦人が六国の敵兵ではなく秦の人間を斬首し、戦時と同様、実行者に爵位まで与えたことになる。嫪毐らは逃走し、嫪毐を生け捕りにすれば百万銭、殺せば五十万銭という懸賞金まで懸けられた。嫪毐ら二〇人の高官の首謀者は捕らえられ、梟首《きょうしゅ》（市場でのさらし首）と車裂の極刑に処せられた。嫪毐の一族にも死刑が及び、太后との間の二人の子も殺され、帝太后は雍城に幽閉された。嬴政には相邦の昌平君、昌文君が就いており、二二歳の嬴政一人の意志で事件が動いたとも思われない。

翌始皇一〇（前二三七）年には呂不韋が事件に連坐して罷免されているが、事件発生前後の嫪毐と呂不韋との関係は見えてこない。呂不韋列伝によれば、呂不韋と帝太后の男女の関係が発覚するのを恐れた呂不韋が、強壮の嫪毐を太后のもとに送りこんだという。それが遠因になったかもしれないが、『史記』の嫪毐像は、あまりにも漢代の偏見に満ちている。

嫪毐の毐の字は毒に似た字である。この文字を収めていない辞書も多いが、収めてある辞書の説明は、何とも不可思議である。現代中国語辞典では毐は「人名に用いる。例えば嫪毐」とあり（『中国語辞典』白水社）、嫪毐以外の事例は示されていない。また「人名用漢字、嫪毐、①戦国時代秦の人②品行の悪い人」（『中国語大辞典』角川書店）というものまである。嫪毐に対する偏見から書かれており、嫪毐あっての毐の字ということになる。すなわち嫪毐の否定的人物像（疑似宦官で秦王始皇帝の母の愛人）だけの文字として説明している。

しかし長沙五一漢簡という後漢時代の簡牘には、毐は姓氏でも名前でも一例ずつ見られ、文字自体に悪い意味は見られない。唐の張守節の『史記正義』では、嫪毐（『大漢和辞典』でもラウアイと読む）には辞書にはない別の古い発音があったことに言及する。現代中国語でもラオアイ（Lào Ǎi）と発音するが、古い発音ではキウカイと読むという。こちらの発音の方が秦代の本来の発音に近い。発音には人物に対する偏見はない。

嫪毐への偏見を取り除くためにも、別の側面から見てみよう。

秦の荘襄王の時代、荘襄王二（前二四八）年、蒙驁将軍は趙を攻撃し、泰原を平定し、趙の楡次《ゆじ》（泰原の東）、新城、狼孟（泰原の東北）など三七城を取った。翌三（前二四七）年に初めて泰原郡が置かれた。泰原は現在でも山西省の中心の太原、汾水《ふんすい》のほとりにある省都であり、大都市である。二二〇〇年以上もその大都市の名が残り続けている。その基礎は秦の蒙驁将軍が作ったといえる。

始皇八（前二三九）年、嫪毐の乱が起こる前年に、嫪毐は長信侯に封ぜられ、山陽の地を与えられ、そこに居住した。山陽は黄河の北岸にあり、南岸の秦の占領郡の三川郡と東郡とに対面する。秦王（始皇帝）の母との関係をもとに権力を掌握した嫪毐は、汾水の流れる占領郡の泰原郡もみずからの国とした。泰原郡の設置に功績のあった蒙驁将軍は始皇七（前二四〇）年に世を去り、その翌年のことである。

嫪毐の出身は不明であるが、『史記索隠』に引く『漢書』では「嫪氏は邯鄲に出ず」とある。この文章は『漢書』にはないが、『史記』南越列伝には南越王第三代の嬰斉《えいせい》（趙氏）が「邯鄲の樛《きゅう》氏の女《めと》を取り」、子の興《こう》が四代の南越王であるとし、その『史記索隠』に「摎《きゅう》姓は邯鄲に出ず」とあるのと同じものであろう。南越国とは、始皇帝のときに百越との戦争で百越に送られた趙佗《ちょうた》が、秦が滅んだときに南越を国号として独立した国である。

嫪毐の出自が趙と関係があるとすれば、趙国に近い山陽と泰原の占領郡を封邑にした理由もそこにあるかもしれない。呂不韋が封邑として周の旧都の一つの雒陽を選んだことに共通する。秦国の政権の中枢にありながら、封邑の国を自分に縁のある函谷関外の占領郡に置いたことになる。自分自身が政権から失脚したときの延命のためというよりは、秦の政治を対六国とのかけひきで動かしていくために必要であったのであろう。

泰原郡という趙国の領土を奪って置いた占領郡を、嫪毐は自分の封邑として取り込んだ。嫪毐の乱において嫪毐側に従った舎人のなかには、爵位を奪われて蜀に流された者が四千余家もあったというが、かれらは秦都咸陽に入っていたわけではなく、嫪毐の封邑の泰原郡に入っていたのであろう。嫪毐の泰原国の舎と泰原郡の舎は別にあったはずである。

嫪毐が処刑された後は、泰原郡は対趙国戦略の前線基地となり、重要な占領郡として機能していった。嫪毐と呂不韋の遺産である泰原郡と三川郡は、二人の死後、対東方戦略で大きな役割を果たしていくのである。

李斯《りし》(〜前二〇七)――秦王始皇帝の生涯を支えた楚人

李斯ほど、秦王始皇帝嬴政に長い期間寄り添っていた近臣はいない。嬴政は一三歳で秦王に即位し、二二歳で嫪毐の乱に遭遇し、三九歳で統一事業を行い、五〇歳で皇帝として病死した。その三八年間のほぼすべての月日を、李斯は楚の外国出身でありながら、嬴政のブレーンとして支え続けた。秦に入る前に荀卿（荀子）から伝授された帝王の術を実現するために、生涯を捧げ、帝王になるべき方策を授けていった。

最初からすぐに受け入れられたわけではなかった。李斯という有能な近臣の知恵と誘導がなければ、秦王嬴政は覇王で終わっていたかもしれない。覇王といえば王者の上に立ち、秦帝国崩壊後、西楚覇王項羽が一八王の上に立ったことが思い浮かぶ。李斯がいなければ、東方六国の王を残したまま秦王に服属させる道もありえたのである。

李斯の帝王への誘導の道をたどってみると、李斯が呂不韋の舎人から秦王の郎官となった初期の時代、一三歳で秦王となったばかりの若き嬴政に帝王の業を伝えている。大王の資質があれば、諸侯を滅ぼして帝業をなすことができるとは伝えたものの、秦王はまだ若く、帝業への道はほど遠かった。李斯は長史（中央官吏）・客卿《かくけい》として、対東方六国の外交の時代を歩むことになる。

外国人を追放する逐客令でみずからも追放される途上に反逐客令を上書し、かろうじて追放をまぬがれた。二三歳の秦王嬴政は、李斯の上書文に説得された。秦にとって外国の人材が必要であることを説くことばのなかに、「泰山は土壌を譲らず、河海は細流を択《えら》ばず（泰山は小さな土くれでも受け入れて大山となり、黄河や海は小さな川の流れを拒まない）」ということばをそれとなく挟み込んだことによって、二三歳の秦王の頭の中には自然と刻まれたはずである。

はじめて六国のなかの韓の国を滅ぼしたのは秦王三〇歳のときの戦争であり、その後一〇年のうちにすべての国を滅ぼし、秦王ひとりが王となった。李斯は廷尉の任にあって統一事業を支えた。秦王嬴政三九歳、率先して王号を帝号に換える議論を大臣たちに命じた。李斯らは泰皇《たいこう》を進言したが、嬴政はみずから皇帝という称号を選択した。李斯の長年の帝王教育が結実した瞬間のようである。

さらに丞相の王綰《おうわん》らが、燕・斉・楚の遠方の地を治めるには王を置くべきと提案し、それを受けた皇帝嬴政は大臣の議論に委ねたところ、賛成の意見が大勢であった。しかし廷尉の李斯が強く反対し、今は陛下の神霊によって一統し、郡県で治めるべきだと発言した。皇帝嬴政はすぐに李斯の意見に賛成した。

そしてその後の李斯は人臣の最高位を極めた丞相の時代を迎え、少し驕りが出てきたようである。臣下から、匈奴と百越との戦争が終わっても、まだ皇帝の子弟を王として皇帝の支えとすべきという意見が出された。皇帝嬴政は丞相李斯に意見を求めた。李斯は今度は焚書令を提案し、帝王一元の体制に疑問をもつ幅広い言論を封じ込めようとした。このときの李斯の強硬な意見は、皇帝嬴政の思惑を超えていたように思われる。しかし翌年には皇帝みずからが率先し、妖言《ようげん》（流言）で黔首《けんしゅ》（人民）を惑わす諸生を穴埋めにするいわゆる坑儒を行った。

そして始皇帝最後の巡行では、丞相李斯として皇帝の死を見届けることになる。長子扶蘇を後継にしようとした遺詔を破棄し、あらためて丞相の李斯が、胡亥を太子とする亡き皇帝の偽詔を受けることとした。皇帝の印璽を握っているのは趙高であり、李斯は不本意ながら従った。

李斯は二世皇帝胡亥の即位時も丞相として政治を支えたが、陳勝呉広の乱を契機に大臣間の確執が表に出始めた。李斯は趙高によって謀反《ぼうはん》の罪を追及され、死罪となる。死を前にして秦王始皇帝に捧げた生涯を振り返った。始皇帝の七つの功績を列挙し、それがみずからにとっては七つの罪であるとした。不本意に死罪を下されたことへの抵抗である。七罪は、始皇帝と李斯の長年にわたる歩みの末に結実した功績であった。それは①六国の併合②匈奴・百越との戦争③大臣の優遇④度量衡の統一⑤秦の社稷宗廟の整備⑥馳道（国有道路）と離宮の整備⑦刑罰・税金の軽減であった。

本書で強調し掘り下げたことは③であり、秦王始皇帝が大臣を優遇し、かれらに爵位と俸禄を十分に与え、その一族を強固にしたことを李斯は強調した。言い換えれば、嬴政は、李斯を含めた近臣たちの力量を信じ、幼少から晩年までの生涯の支えとしたのであった。

李斯が第一に挙げた罪、すなわち功績は、六国を兼《あわ》せて王を捕虜とし、秦を天子としたことである。死の直前まで、秦において帝王の術を実現したことを誇っていた。

趙高《ちょうこう》（？〜前二〇七）――奴婢から丞相に上り詰めた趙人

趙高は李斯とともに、秦王始皇帝の一生を長らく支えてきた。趙高は庶民以下の隠宮（隠官）あるいは隷臣という奴婢身分であり、始皇帝の死後には丞相に上り詰めた。趙高の父は趙の王族の遠縁であったが、趙が秦に滅ぼされたときにおそらく秦の刑徒となり、母も官奴婢であり、その間に宮中で生まれ育った。

秦王嬴政は趙高の能力を評価し、末子胡亥の世話役にした。とくに裁判に関する知識が高かった。趙高が大罪を犯したときに、秦王は蒙毅に処理させたが、蒙毅は法を曲げずに死罪とし、宦籍《かんせき》を除こうとした。始皇帝は趙高の死罪を免除した。これは始皇帝の配慮であった。

『史記』には李斯列伝はあるが、趙高列伝はない。蒙恬列伝のなかに趙高の生い立ちが語られ、李斯列伝にも始皇帝亡き後の趙高が詳しく登場する。蒙恬、蒙毅と李斯の最期は、趙高なくしては語れないからである。

始皇帝の生存中には、李斯と趙高の二人の職務は棲み分けがされており、バランスよく機能していた。始皇帝最後の巡行でも、行政の最高位にいた丞相の李斯と、始皇帝の最側近として内を支えていた中車府令で符璽令を兼職していた趙高が同行しており、政務は両者によって順調に行われていた。

政務は皇帝と丞相・御史大夫の論議で進められ、最後は皇帝が決裁する。その決裁文書を封印する印璽を管理していたのが趙高であった。巡行中は皇帝は轀輬車（冬温かく、夏涼しい箱形の車）に乗っているので、巡行中の皇帝の車を管理する中車府令は重要であり、あわせて決裁文書の印璽を管理していたのである。趙高が行政の内容にまで関わることはなかった。

しかし、始皇帝の突然の病死によって、後継者をめぐる両者の権力闘争が勃発した。すべての発端は、始皇帝が後継者の太子を決めていなかったことにある。

さかのぼって見れば、昭王は悼太子が魏で亡くなったので安国君（孝文王）を代わりに太子とし、安国君も太子のときに呂不韋の画策で子楚（荘襄王）を適嗣（後継）に決めていた。荘襄王が即位したときには嬴政が太子となっていたので、荘襄王が亡くなると太子嬴政が順調に秦王に即位した。

しかしながら秦王嬴政は、二十数人の子（うちわけは死罪になった公子一二人、長子扶蘇、末子胡亥、自殺した公子将閭《しょうりょ》と昆弟三人、公子高《こう》の一九人と公主〈王の女《むすめ》〉十人）のうち公主を除く公子一九人の男子のなかから太子を決めていなかった。嬴政は秦王から皇帝になると、諡号《しごう》を廃止し、死後はみずからを始皇帝と呼ばせ、二世、三世から万世まで称号をあらかじめ決めておいたが、太子を決めていたわけではなかった。

始皇帝は最後の巡行時に長子扶蘇を後継とし、蒙恬将軍に軍事を任せる遺志を固め、その遺詔を作成し、封印（紐の結び目に粘土を付けて皇帝の印璽を押す）して中車府令趙高のもとに置いた。長子扶蘇は、焚書坑儒のときに父の始皇帝を諫めており、北辺を守る上郡の蒙恬のもとに送られていた。始皇帝は扶蘇を太子とする機会を失っていたので、扶蘇には病に冒された自分の遺体を咸陽で迎えて葬儀を行えという遺詔を下そうとしたのである。太子に立てたわけではないが、葬儀を執り行うことは実質皇帝の後継の指名である。

趙高は扶蘇と蒙恬に賜う封書を破棄し、改めて胡亥を太子とする偽詔を作成して、扶蘇と蒙恬には死を賜う別の偽詔を作成した。胡亥が即位すると、趙高は郎中令（皇帝の宮殿を守る高官）となり、丞相の李斯とともに幼い二世皇帝の巡行に同行した。

この体制が崩れたのは、地方で陳勝呉広の反乱が起きたからである。趙高は丞相李斯の長男の三川守李由が陳勝軍の通過を見過ごした責任を追及し、父の李斯とともに謀反の罪とし、李斯を腰斬に処した。始皇帝存命中には行い得なかった趙高の行動である。

李斯の死後、趙高は中丞相[*6]となり、すべての権力を掌握した。さらに二世皇帝を自殺に追いやり、二世皇帝の兄の子の公子嬰《しえい》を秦王に立てた。しかし、趙高は子嬰に殺されることになる。

＊6　宦籍に入り自由に宮中に出入りできた丞相であり、従来の左右丞相をしのぐ地位となったのだと考えられる。

子嬰が秦王に即位するには、宮殿内の斎宮《さいきゅう》で数日間身を清めてから先祖の宗廟に赴いて、先祖の位牌の前で王の印璽を受けとることになる。趙高の野心は、秦の宗廟を壊して秦という国家を滅ぼし、みずから関中の王となることであり、そのために宗廟で子嬰を待ち構えて殺そうと謀った。一方、子嬰の方はみずからの二人の子と謀り、宗廟に行くのを拒否し、斎宮に来た趙高を刺殺した。『史記』に書かれた、趙高の最期である。

一方、『趙正書』では、張（章）邯将軍が趙高を殺したとだけ記している。その顛末は『史記』の記事を合わせれば、章邯は秦軍の劣勢を救うための援軍を丞相の趙高に訴えたが相手にされず、結果項羽に降伏することになり、項羽の雍王となった。項羽の楚側の雍王が入関して、趙高を殺したことになる。ここにも『史記』には見られない新たな事実が見られる。

馮氏一族（馮劫《ふうきょう》〈?～前二〇八〉・馮去疾《ふうきょしつ》〈?～前二〇八〉・馮毋《ふうぶ》択《たく》〈生没不詳〉）
――東方出身の文武の高官

始皇帝の周辺には、馮《ふう》氏が何人かいる。始皇帝の将軍で御史大夫の馮劫《ふうきょう》。そして琅邪台の刻石に名を記した武信侯馮毋《ふうぶ》択《たく》、かれは岳麓秦簡によって将軍であることがわかった。

馮劫は二世皇帝のときに右丞相の馮去疾《ふうきょしつ》とともに、二世皇帝を諫めた罪を問われて自殺した。馮去疾は始皇帝最後の第五回巡行のとき、左丞相の李斯が皇帝に付き従っている間、右丞相として都咸陽で留守をしている。『趙正書』では、そのときは御史大夫であり、丞相の李斯とともに秦王（始皇帝）に同行していたとあり違いが見られる。

始皇帝を支えた近臣の馮氏は、どのような由来の一族であったのだろうか。かれら馮氏一族はもともと秦の出身ではなく、秦に敵対していた東方の韓・魏・趙の人間であった。

韓の上党郡守の馮亭《ふうてい》にまでさかのぼる。秦に敵対した馮亭は長平の戦いで戦死し、その後、一族は趙に残って代《だい》王趙嘉《か》とともに代に入った馮氏と、秦に入って秦の統一を支えた馮氏とに分かれた。趙や代の馮氏は、秦帝国崩壊後には皇帝陵の陵邑に移住する者もあり、漢劉邦王朝に仕えていった。馮亭の子孫で秦に入った者が馮劫・馮去疾・馮毋択であった。

前漢文帝に車騎都尉の軍人として仕えた馮唐《ふうとう》は、祖父が趙の人で、父は代に移り、趙の将軍の李牧とも関係があった。父の馮氏は、秦王嬴政の軍が最後の趙王趙遷を捕らえた後に、代王になった趙嘉とともに北辺の代に入ったのであろう。その後、父は漢の恵帝の安陵邑（皇帝陵の安陵を守る都市）に移った。漢安陵の馮唐は、趙の馮氏が先祖だったのである。

馮氏一族に将軍など武人が多いのも、戦国趙に由来するからであろう。趙王や平原君《へいげんくん》
趙勝《ちょうしょう》に進言した馮忌《ふうき》という人物は、『戦国策』趙策に見える。孟嘗君田文の食客の馮驩《ふうかん》
は斉人である。戦国秦漢の時代、王朝を越えて逞しく生き抜いた馮氏の家の歴史に注目す
ると面白い。

始皇帝は統一後に東方六国を逞しく生き抜いてきた馮氏を、統一後の近臣として優遇し
たのである。統一前の秦には、馮氏の大臣（公卿《こうけい》）および将軍は一人も見られない。

その始皇帝亡き後、趙高と二世皇帝胡亥の専政が顕著になるなかで右丞相の馮去疾、将
軍馮劫は左丞相の李斯とともに、二世皇帝を果敢に諫めた。東方では陳勝呉広の反乱が激
しくなり、その一軍の周章が始皇帝陵近くの戯《ぎ》（県）まで押し寄せるなか、犠牲者も増え、
民衆の賦税の負担も大きくなったことを受け、阿房宮の工事に反対した。

結局は馮去疾と馮劫の二人の馮氏は獄に下され、「将相は辱められず（将軍と丞相は斬刑
を受けて辱められない）」と潔く自殺した。李斯は禁固刑に処せられた。東方の事情を知る
馮氏だけに、先帝始皇帝の帝国を何とか守ろうとしたのであろう。

隗状《かいじょう》〈生没不詳〉と王綰《おうわん》〈生没不詳〉――統一を支えた二人の丞相

始皇帝の治世を支えた丞相には、王政時代は呂不韋、昌平君、帝政時代は李斯、馮去疾らがいる。ただ、始皇帝が統一を実現し、皇帝号を議論したときの丞相は王綰《おうわん》であり、琅邪台の刻石には丞相隗林《かい》（状《じょう》の間違い）と王綰の二人の名が記されていた。度量衡器に刻まれた詔書には、丞相状、綰に詔を下したことが見える。隗状が右丞相、王綰が左丞相とされている。秦では右が上位である。皇帝を、二人の近臣の丞相が支えていた。

統一時の官僚のトップの二人はどのような人物であったのだろうか。隗という氏は『史記』には隗状しか見えず、稀少な姓氏である。王莽《おうもう》*7期の群雄の隗囂《かいごう》は、天水郡秦安県の人であり、ここは秦の発祥地であるので、隗状もこの付近の人物かもしれない。

官僚の王氏は、王戊《おうぼう》の名が琅邪台刻石に見える。王綰も王戊も、将軍家の王翦一族とは別の王氏であろう。

王綰は始皇二六（前二二一）年に御史大夫馮劫、廷尉李斯らと泰皇の称号を提案したが、

*7　王莽（前四五～後二三、在位後八～二三）。

秦王嬴政は皇帝に修正した。また王綰は、燕・斉・荊（楚）の地は遠方に位置するので、王を置かなければ統治できないとして、いわゆる封建制を提言したが、直接統治の郡県論を主張する李斯に反対されている。

秦は燕・斉・楚の三国のうち、楚には南郡など占領郡を置いて支配してきたが、遠方の燕・斉には占領郡を置いてこなかった。統一後わずか一五年で秦の郡県制は崩壊し、高祖劉邦の漢王朝には郡国制が行われた。都に近い中央では郡県制、遠方では諸侯王の封建制が行われる郡国制は王綰の主張に通ずる。

第五章
秦に対抗した六国の英傑たち

李牧《りぼく》（趙）（〜前二二九）――傑出した才を持つ名将

趙の将軍・武安君李牧ほど、秦王嬴政の軍に連戦連勝し果敢に撤退させた将軍はいない。最期は前二二八年、大将軍となりながらも、李牧に苦しんだ秦が反間《はんかん》（スパイ）を趙に送り、それによって趙の郭開《かくかい》が讒言したために李牧は自国の趙王に誅殺された。その翌年に趙王遷《せん》は捕虜となり、趙は滅ぶことになる。李牧が生きていたら、形勢は少々変わっていたかもしれない。

李牧の将軍としての才能は顕著であり、最初は北辺の良将として知られた。趙は北辺に長城を持ち、李牧は代と雁門《がんもん》の地で名を馳せていた。匈奴《きょうど》と戦わずして趙の辺境を守り、強国秦を抑えることに力を集中させた。辺境に設けた市場で得た租税を兵士を養成する費用に充てるなど、本国には事後報告という形で独自に臨戦態勢をとった。戦車一三〇〇、騎兵一万三〇〇〇、「百金の士」五万、弓兵一〇万を率いる名将軍であった。

この編制は、先にふれた秦の軍隊の編制と比べると、違いがある。秦では戟《げき》兵（歩兵）は弓兵の倍、李牧軍は弓兵が歩兵の倍となっている。騎兵の匈奴軍への対応には、歩兵よりも弓兵が有利である。李牧の騎兵は戦車の一〇倍、歩兵は騎兵の四倍である。秦軍では騎兵が戦車の一〇倍で同じだが、歩兵は騎兵の一〇〇倍もある。李牧軍はあきらかに匈奴の騎兵部隊に対抗する編制であった。「百金の士」とは、敵兵を捕虜にすれば賞金百金を与えられる兵士の意味である。李牧軍は、匈奴の十余万の騎兵を迎え入れて、歩兵と弓兵で挟み撃ちにした。

趙悼襄王《とうじょうおう》二（前二四三）年、北の燕を攻撃し、武遂《ぶすい》、方城《ほうじょう》を抑えた。北辺を安定させたことで、李牧は以降二度にわたって秦に勝利する戦闘に専念できた。李牧軍の秦軍に対する優位性は、機動力と李牧の統率力にあったと思う。

秦に反転攻勢したきっかけは、趙王遷二（前二三四）年、秦の桓齮《かんき》将軍による趙将扈輒《こちょう》軍の斬首一〇万の屈辱であった。李牧は将軍の上に立つ大将軍となり、秦軍を宜安《ぎあん》と肥下《ひか》の戦いで破り、桓齮を走らせた。この功績で李牧は武安君に封ぜられた。

二度目は前二三二年の番吾《はご》の戦いであった。李牧軍は秦軍を撃破し、韓、魏の国境まで追った。ここまでの戦いは趙都・邯鄲の北部で、李牧の戦い慣れた地盤の代に近く、李牧の機動力の方が秦軍よりも優れていた。秦軍は占領郡の泰原郡から一方向だけの正面突破であった。

秦から見れば二度の敗北を経て、始皇一八（前二二九）年の王翦の総攻撃となる。王翦軍は従来と同様、泰原郡から平地に下り、同時に楊端和軍が占領地の河内の南から邯鄲を攻撃、羌瘣もおそらく占領郡の東郡から邯鄲に迫った。李牧と司馬尚《しばしょう》が迎撃した。李牧は当初はしばしば秦軍を走らせ、『戦国策』によれば秦将の桓齮を殺したという。李牧と司馬尚は善戦したが、讒言を受けて退陣を迫られ、李牧は王命を拒否すると、王は密かに捕らえ斬殺した。代わった趙葱《ちょうそう》は王翦に殺され、加勢した斉の将軍・顔聚《がんしゅう》も逃亡した。

龐煖《ほうけん》（趙）（生没不詳）――合従軍を率いた武将

戦国時代において、龐《ほう》氏には魏の龐涓《ほうけん》と趙の龐煖《ほうけん》がいて、いずれも武将として名高い。龐涓は秦でいえば孝公の時代、龐煖は秦王嬴政の若き時代の将軍で、時代は重なっていない。龐氏はそもそも周の文王の子の畢公高《ひっこうこう》の子孫で、龐の地に封ぜられた者に由来する。『史記』に見える龐氏はわずかこの二人だけであるので、血縁的な関係があるのかもしれない。

趙の将軍の龐煖は、『史記』趙世家では、秦王嬴政の六（前二四一）年、趙・楚・魏・燕の精鋭を率いて秦の蕞《さい》を攻撃するという重要な働きをした。蕞は秦の都の咸陽《かんよう》にも近く、そこまで侵略しながら失敗したという。一方『史記』楚世家によれば、このときの合従の長は楚の考烈王にあり、春申君黄歇《こうけつ》も派遣され、函谷関《かんこくかん》まで攻めたが秦の反撃の前に敗北したという。

秦始皇本紀によると、韓・魏・趙・衛・楚の五国軍は寿陵の地を取ったが、秦軍が出兵して撤退したという。龐煖の精鋭軍と楚の春申君の合従軍の連携がうまくいかなかったのかもしれない。『龐煖』二編（『漢書』芸文志）は残されてはいないが、龐煖の兵法書である。

龐煖が合従軍の精鋭を率いることができたのは、それ以前の戦績が評価されたからであろう。趙を出た名将の廉頗《れんぱ》に代わって将軍となり、燕軍の侵入を防いだ功績がある。このとき燕将の劇辛《げきしん》は、趙にいたときに旧知であった龐煖は戦いやすいと油断し、秦軍に苦しむ趙の隙を攻めた。龐煖は燕軍二万を迎え撃ち、劇辛を殺した。趙人劇辛を相手にした戦い方を知っていたのであろう。

扈輒《こちょう》（趙）（～前二三四）——桓齮に敗れた屈辱の趙将

『史記』秦始皇本紀によれば、始皇一三（前二三四）年、秦の桓齮《かんき》将軍は趙の平陽を攻撃し、趙の将軍扈輒《こちょう》を殺し、斬首一〇万という戦績を挙げた。秦始皇本紀に敵方の将軍の名を挙げることはほとんどない。斬首の場合、敵方の将軍の首も含まれるので記したのであろう。

『史記』趙世家では、趙王遷二（前二三四）年に、秦が武城を攻撃し、扈輒は軍を率いて救援したが、敗北してそこで死亡したという。秦始皇本紀では桓齮の全軍を統率する将軍としての戦績を「斬首」の総数で記し、趙世家では趙の側に立って扈輒将軍が戦死したことだけを記し、「斬首」には言及しない。『史記』のなかで趙将の扈輒が登場するのは、この一回だけであり、ほかに情報はない。司馬遷は勝者の側の一つの史料を、敗者の側にも書き分けたのである。

扈輒軍の斬首一〇万は、趙にとっては大変な屈辱である。趙は、すぐに李牧が中心になって反撃に出たのだった。

コラム　将軍と斬首

斬首一〇万は桓齮将軍の功績であるが、それは実際には戦争に参加した一人ひとりの兵士の功績の総数である。里耶秦簡《りやしんかん》のなかに「南里士五（伍）異斬首一級」という竹簡があり、南里に住む士伍《しご》（爵位なき者）の「異」という人物が斬首一級の戦果を挙げたことを示している。この結果、異は第一級の公士になったはずである。斬首を一級と数えるのは、首一つで二十等爵制の一級を得られ、一つ一つ昇級していくからである。

さて、奇妙なことは始皇二（前二四五）年に麃公《ひょうこう》が魏の巻《けん》を攻めて斬首三万とあるくらいで、秦王嬴政の時期、始皇一三（前二三四）年の斬首一〇万のあとに斬首の記事はないことである。将軍の功績は、占拠した城の数で示されている。

一方、さかのぼって昭王の時期は、将軍の斬首の記事がきわめて多い。連衡の張儀は山東（六国）の卒（兵士）と秦卒を比べ、秦卒の勇敢さを述べるくだりで、「左に人頭を挈《ひっさ》げ右に生虜を挟む」と述べている（『史記』張儀列伝）。卒とは徴兵した一般の兵士のことであり、軍官ではない。まさに敵兵の首まで取る秦の兵士の残酷さが恐れられていた。

昭王六（前三〇一）年斬首二万（庶長奐《かん》。将軍であり、庶長の爵位を示す）
一四（前二九三）年斬首二四万（将軍白起。白起はこの功績で第一二級左更から第一六

級大良造に昇級）
三二（前二七五）年斬首四万（昭王の母・宣太后の弟で相邦の穣公魏冄《ぎぜん》）
三三（前二七四）年斬首一五万（衛人の客卿胡傷《こしょう》）
四三（前二六四）年斬首五万（将軍白起。このとき最高位第二〇級の武安君に上り詰める）
五〇（前二五七）年斬首六〇〇〇（将軍王齕）
五一（前二五六）年斬首四万と首虜（斬首と捕虜）九万（将軍摎《きゅう》）

このように、昭王の時期には競い合うかのように敵兵を斬首した。

昭王四七（前二六〇）年には、白起が長平で趙軍を四〇万人も坑殺した。白起は四〇万もの兵士を生き埋めにして殺したことに罪の意識を持った。その後、出兵の命令を拒否した白起は罰せられ、最高位の爵位を奪われ士伍（無爵）となった。そして陰《いん》密《みつ》の地に遷される前に自害を命じられ、差し出された剣でみずから首を斬った。武安君の死は、嬴政二歳のときのことであった。武安君白起の栄光と挫折の体験は、秦王嬴政の戦争にも影響を与えたことは間違いない。

荊軻《けいか》（衛）（〜前二二七）――暗殺計画を実行した燕の刺客

秦の三つの占領郡を巡った男がいる。始皇二〇（前二二七）年に秦王嬴政の暗殺を企て未遂に終わった荊軻である。荊軻の先祖は斉の慶氏、衛に移ってからは慶卿《けいけい》と呼ばれ、慶と荊が発音が近いのでいつしか荊氏と改めた。荊軻は小国・衛の人であり、衛の元君が野王に追放され東郡が置かれたことに直面している。秦の占領支配に、衛人として怨みを抱いていた。

かれは東郡から泰原郡の楡次《ゆじ》を訪れた。秦の占領郡の東郡から泰原郡まで移動したことになる。民間の宿屋（客舎）に泊まり、車で移動をしていたらしい。秦の占領郡といっても、泰原郡には趙人、東郡には魏人が数多く居住しているわけだから、荊軻のような外国人が入る余地はいくらでもあったと思われる。『史記』刺客《しかく》列伝には、荊軻が楡次では蓋《がい》聶《じょう》と剣術を議論したが、怒った蓋聶に睨みつけられてその場を黙って去ったという。

荊軻は楡次を去ったあとには趙の邯鄲に入った。荊軻はここでも魯句践《ろこうせん》という人物と六博のゲームを競い、睨まれるとその場を去り、燕に入ったという。荊軻が去った後の始皇一九（前二二八）年には、秦の王翦将軍が趙王の遷を捕虜にし、邯鄲は秦に下り、秦の邯鄲郡になっている。このとき秦王は自ら邯鄲に入っている。荊軻とはすれ違いとなった。

戦国末のこの時期、意外にも国境を越えた移動が可能であったが、荊軻は各地で賢豪長者と交際したというから、かれらの力を借りて移動していたのであろう。目的は母国の衛を占領した秦への仇であり、その連携のために行動を慎みながら移動をし、泰原郡では秦の軍事的な情報も得ようとしたのであろう。泰原郡を国とした嫪毐《ろうあい》には多くの舎人がいたわけだから、有力者の舎に泊まることもそう難しくはなかったのであろう。

燕では太子丹と出会い、燕国の上卿《じょうけい》の待遇を得て上舎に泊まることになった。燕国の太子である太子丹のもとにも外国人を受け入れる舎があったことは注目できる。秦から追われた樊於期《はんおき》将軍も燕に逃亡し、太子は受け入れて宿泊させている。樊於期は丹に恩義を感じ、父母宗族を殺された秦王嬴政への怨みを晴らすために、みずからの首を荊軻に託した。荊軻はやがて燕の正式な使者として出発し、秦王に献上する督亢《とくこう》の地の地図と、樊於期の首を収めた頭函《とうかん》を持って秦王のもとを訪れることになる。第三章で記したとおり、荊軻による秦王の暗殺は失敗に終わり、秦が燕を攻める口実となった。

秦の側の記録には残らなかった、このような荊軻の動きは、戦国各国の故事を集めた『戦国策』に収められ、司馬遷は刺客列伝に載せたが、占領郡を訪れた荊軻の動きは『戦国策』には見えないので、いまだその典拠はわからない。

燕太子丹《たん》（燕）（～前二二六）――秦王暗殺計画の首謀者

秦王嬴政の暗殺を企てた燕国の太子丹ほど、邯鄲《かんたん》での幼少時代から統一前夜までの秦王嬴政の姿を外から見ていた人物はいない。太子丹の眼から、嬴政の成長はどのように見えていたのだろうか。『史記』刺客《しかく》列伝から時系列順に追ってみよう。

①趙の邯鄲での質子《ちし》の時代

質子とは、外交上容認された人質のことである。丹が燕の質子として趙にいた頃、嬴政の父の子楚《しそ》（荘襄王）が秦の質子として趙にいて、丹は嬴政の誕生を知っている。丹と嬴政の二人は幼年時代の遊び友達として時代を共有していた。

②嬴政が九歳で趙を脱出して秦に入り、荘襄王に継いで一三歳で秦王に即位すると、丹は質子として秦都の咸陽に移った（荘襄王三・前二四七年）。

③嬴政の丹への待遇が悪く、丹は嬴政に怨みを抱きながら燕の国に逃げ帰った（始皇一五、前二三二年）。

④丹は帰国後、嬴政への報復を決意する。このときの秦は次第に六国の諸侯の地を蚕《さん》食《しょく》（蚕が桑の葉を食べるように侵略すること）するようになり、韓・趙を滅ぼし、燕ま

で迫ることになる。
⑤秦将の樊於期《はんおき》が罪を犯して燕に逃亡し、丹はかれを匿《かくま》った。丹の相談役は太傅《たいふ》の鞠武《きくぶ》で、かれは罪人を匿うことに反対する。
⑥丹は鞠武から田光《でんこう》先生を紹介され、老齢の田光は若い荊卿《けいけい》（荊軻）を紹介する。丹が密事を漏らさないよう田光に念を押したことで、田光は潔く自害を選ぶ。
⑦丹は荊軻と密談し、荊軻に上卿《じょうけい》の身分を与え、上舎《じょうしゃ》に泊まらせるなど厚遇する。
⑧丹は荊軻を易水《えきすい》まで見送る。荊軻は咸陽に行き、暗殺未遂事件を引き起こし、殺される（始皇二〇・前二二七年）。
⑨秦王嬴政は大いに怒り、趙にみずから赴き、王翦《おうせん》軍に燕を伐つことを命じ、都の薊《けい》城を陥落させる（始皇二一・前二二六年）。
⑩燕王喜と太子丹は精兵を率いて遼東を拠点とする。
⑪秦将の李信が燕王を追撃する。燕王は代王嘉から、丹を殺して秦王に献上すれば燕の社稷《しゃしょく》は守られることを伝えられる。
⑫燕王は衍水《えんすい》に隠れた丹を斬り、首を秦に献上する。
⑬四年後、秦は燕を滅ぼし、燕王喜は捕虜となる（始皇二五・前二二二年）。

当初は丹の嬴政に対する個人的な怨みだったが、秦が韓を滅ぼし、趙都を陥落させたことで、燕の国家としての危機に変わった。嬴政は暗殺未遂の事件に遭い、個人の怨みから秦の国家の軍隊を発動するが、丹の首を献上されたことで一時的に燕国は存続した。

丹が荊軻に伝えた国際情勢の分析は、嬴政の性格を知り抜いているだけに見事である。「秦には利を貪《むさぼ》る心があり、欲は足るべからず。天下の地を尽くし、海内《かいだい》の王を臣とせざれば、その意は厭《あ》かず」。秦の侵略戦争は、嬴政の性格からきていると理解した。樊於期将軍からの情報で、秦は外には積極的に戦争をしかけているが、内に乱があり、君臣の関係にひびが入っていることを知ったので、いまこそ諸侯の合従で秦を破るべきという。そのためには秦王を脅して、諸侯から奪った侵略地（まさに秦の占領郡）を取り戻すべきという。

荊軻を見送る前年の始皇一九（前二二八）年に、王翦は数十万の兵を率いて邯鄲の南に迫り、李信が泰原、雲中に出軍していたことなどは秦始皇本紀には見られない情報であった。その後邯鄲が落城して趙王遷が捕虜となった情報を得て、荊軻のすみやかな行動を促したのである。

韓王安《あん》（〜前二二六）――最後の六国王の抵抗

韓の最後の王となった韓王安（韓安）は、最期に不思議な動きをしている。『史記』と出土簡牘《かんとく》の記事を並べてみると、韓の側の動きを読み取ることができる。簡牘史料の年代記は一九七五年に湖北省雲夢県で発見された睡虎地秦簡の『編年記』と、二〇一八年に同じ湖北省荊州市で発見された『歳記』があり、前者は始皇帝の時代に書かれたもの、後者は前漢文帝期に書かれたものである。『歳記』は秦昭王元（前三〇六）年から前漢文帝期（在位前一八〇〜前一五七）までの、王朝を超えた年代記である。『史記』よりも古い年代記であり、貴重である。韓王安の動きについて、年代順に整理してみよう。

『歳記』には、始皇一六（前二三一）年に秦は「**破韓、得其王、王入呉房**（韓を破り、其の王を得て呉房に入らしむ）」とあり、韓王が新鄭《しんてい》の都から呉房（楚地の上蔡付近）に流されたことが新たにわかった。始皇一七（前二三〇）年、「秦の内史騰が韓を攻めて韓王安を捕らえた」（秦始皇本紀）という記事は、『歳記』と矛盾する。『史記』はこの年に「**秦滅韓**（秦、韓を滅ぼす）」（六国年表）、「（王安）**九年秦虜王安、盡入其地、為潁川郡。韓遂亡**（韓王安の九年、秦は王の安を捕虜とし、その国土をすべて入手して秦の潁川郡としたことで韓はついに滅亡した)」(韓世家)とした。

『編年記』には、その後の始皇二〇(前二二七)年について、『史記』にはない記事が記されていた。「**韓王居□山**(韓王、□山に居る)(居らしむ)」(□の一字は読めず)とあるのは、韓王安がその後、呉房を離れて「□山」の地に遷されて居住していたことを語っている。

そして始皇二一(前二二六)年の『史記』秦始皇本紀には、前後の文章とは何のつながりもなく、「**新鄭反**(新鄭反す)」の三文字が記述されている。すでに秦の潁川郡となった韓の旧都の新鄭で反乱が起きたことを示している。そしてこの記事と呼応するかのように、『編年記』には「**韓王死**(韓王死す)」と記されてあった。『史記』には見られない新たな事実といえる。

『編年記』も秦の側の史料であるが、南郡の地方官吏の年代記にこのことを記したのは、韓王安が遷されたのは南郡の地であった可能性がある。新鄭の反乱が秦に滅ぼされた韓人によるものであったことは間違いないが、韓王安の死との関係は謎である。偶然時期が一致したというよりは、そこには秦王嬴政の判断があったと思われる。

「死」と記したといっても「自死(自害)」を意味し、身分の高い者の死刑は毒酒や剣を与えられて自死となる。例を挙げると、始皇一四（前二三三）年の韓非の死は、「**非死雲陽**（非雲陽に死す）」（秦始皇本紀）と記されているが、「**我殺非**（我〈秦〉非を殺す）」（六国年表）とも書かれている。『史記』韓非列伝には「**李斯使人遺非薬、使自殺**（李斯、人をして非に薬を遺らしめ、自殺せしむ）」と、自殺が自らの意志ではないことが記されている。

秦は新鄭の反乱の責任を、南郡監視下にあった韓王安にも厳しく問うたのであろう。この情報が、後述する張良に入っていた可能性はもちろんある。聞いていたとしたら、張良の秦王への復讐心を増長させた一因にもなっていたことだろう。

韓の滅亡が六国滅亡に拍車をかけたように見えるのは、司馬遷が六国年表、韓世家で始皇一七（前二三〇）年に韓が滅亡したと記したからである。ところが秦の側の同時代史料でも、韓王は韓王の身分のまま始皇二一（前二二六）年まで生きており、反秦の動きをしていることがわかった。統一といっても秦韓双方、簡単なことではなかった。

鄭国《ていこく》（韓）（生没不詳）——スパイとして秦に送り込まれた水利技術者

韓は秦の隣国であり、直接国境を接している。秦の東方戦略を抑えるために、いろいろと策を講じる必要があった。韓の桓恵王《かんけいおう》が水工（水利技術者）の鄭国を間諜として送り込んだのも、講じた策の一つであった。この場合、秦の機密情報を得る間諜ではなく、秦を軍事から目をそらせる情報操作が目的であった。当時の韓の領土は、黄河以北の上党の地はすでに秦の荘襄王のときに秦の占領郡になっており、黄河以南の狭い領域に限られていた。そこを守るために、秦軍の動きには敏感であった。

鄭国が渠《きょ》（水路）の建造のために秦に派遣されたのは、秦王が一三歳で即位した翌年の始皇元（前二四六）年のことであった。秦王嬴政が即位すると、秦の蒙驁《もうごう》将軍は隣国の韓、魏を攻めた。鄭国は緊張した国際情勢のなかで派遣されたのである。渠を建造中の始皇三（前二四四）年にも、蒙驁将軍は容赦なく韓の一三城を奪い取っている。

工事が一〇年ほど進んだ始皇一〇（前二三七）年、鄭国が間諜であることが発覚し、秦で逐客令（外国人追放令）が出されることになった。鄭国は「自分は最初は間（間諜）であったが、工事が完成したら秦の利益になる」と言い、若き秦王を説得した。鄭国からすれば、母国の領土が秦に奪われていく戦乱のさなかでの、必死の対応であった。

鄭国渠の建造は、韓からすれば秦を軍事に集中させないようにし、秦の国力を弱めることが密かな目的であった。一方秦からすれば、人力を費やしても、完成すれば国力を強めるだろうとの判断をした。その判断は二三歳の秦王嬴政にもできなくはないが、背後には、反逐客令の上書文を提出して東方の人材や物資を受容すべきと主張した李斯がいたと思う。

では、工事にどれほどの人力を費やすのか？　私たちも計算上の数値を出すことはできる。

岳麓秦簡の『数書』には、城（城壁）や隄（堤防）の体積計算の設問が見える。城壁の断面の台形の下辺が三丈（三〇尺）、上辺が二丈（二〇尺）、高さが三丈（三〇尺）、長さが一丈（一〇尺）であれば、体積は七五〇〇立方尺となる。台形の面積に長さを掛けると、その数値になる。

後漢の『九章算術』では、さらにどれだけの人力を必要とするのかの設問がある。穿《せん》（灌漑水路）の上の広さが一丈八尺、下の広さが三尺六寸、深さは一丈八尺、袤《ぼう》（長さ）が五万一八二四尺ならば、問うに積は幾何ならん。解答は、一〇〇七万四五八五・六立方尺。さらに秋程の人功（農閑期の秋の動員）が三〇〇立方尺ならば、問うに徒（人力）を用うること幾何ならん。解答は、三万三五八二人。この設問の水路は長さ約一二キロメートルで、約三万三〇〇〇人の動員となる。

さて鄭国渠では、涇水を瓠口《ここう》（瓠《ひさご》のように湾曲した岸に沿って引水する）から分水して、洛水まで三百余里、東西に渠を築いた。長さ約一二〇キロメートルで、設問の一〇倍の長さである。微傾斜面を流し、南岸の耕地を灌漑した。一里は三〇〇歩、一歩は五尺で、三〇〇里は四五万尺となる。人力は三万三〇〇〇人の約一〇倍で、約三〇万の動員となる。これは延べ人数であるので、一〇年間にならせば毎年三万人程度の動員で抑えられる。秦が楚を攻めるのに、秦本土から一度に二〇万か六〇万の兵士を出すかという議論がされたことを考えると、一年に三万人程度では秦の軍事力を弱化させるほどにはならない。

完成した鄭国渠は、秦の統一の経済的な基盤となったという。韓は秦の軍事力を恐れて間諜を送ったが、秦は韓の技術を受け入れて活用し、塩害で荒れた土地を肥沃な土地に変えたのである。

鄭国渠の完成後、塩害の地では土壌表面に上昇していた塩分を押し流すことに成功し、四万余頃[*1]が灌漑され、収穫は一畝《ほ》あたり一鐘[*2]の粟あるいは小麦が得られたという。普通の

＊1　一頃の面積は百畝で、一畝は百平方歩。東西南北に一〇歩（一歩は一・三五メートル）ずつ歩けば一畝で、一〇〇歩（一三五メートル）ずつ東西に歩けば一頃となる。その四万倍が四万頃。

収穫量は一畝あたり一斛《こく》半程度であるので、灌漑によって高い収穫量となった。渭水北岸のこの地の土壌改良によって関中は沃野になり、凶年もなくなったという。何よりも戦時体制下で計算できる豊富な軍糧を補給できるようになったことは大きい。

韓には高い水利技術があった。そして秦王嬴政は、東方の技術を先進的なものとして信頼していた。秦の国力を弱めるために派遣された鄭国は、結局秦に利益をもたらしたのである。

韓非《かんぴ》（韓）（～前二三三）――苦境の韓を救えなかったブレイン

韓非が秦に入ったのは、始皇一四（前二三三）年のことである。秦の桓齮《かんき》将軍が趙将扈《こ》輒《ちょう》を殺し、一〇万の斬首で脅威を与えた翌年のことである。

韓非は秦に苦しめられる韓の国力の弱さを救うために書物で韓王安を諫めたが、聞き入れられなかった。秦王がその韓非の『孤憤《こふん》』（一人の孤独な人間の発奮の書）と『五蠹《ごと》』（国をむしばむ五つの害虫）の書を読んで感激し、「ああ、寡人《かじん》*3はこの人を見てこれと游ぶを得ば、死するも恨みず」と語ったという。この書を著した人と会えれば、死んでも悔いはないと言ったのである。

秦は韓を急襲した。韓王安は当初は韓非を相手にしなかったが、秦王お気に入りの韓非を秦に送って生き延びようとしたのである。韓王は韓非の書を気に入った秦王嬴政の目を韓から逸らそうとしたのであろうか。

韓非が秦の力をどのように弱めようとしたのかはわからない。韓非には秦王の逆鱗[*4]に触れずに、韓を敵対視させないことを説得する自信はあったに違いないが、吃音《きつおん》であったため対面での説得は不得手であった。秦王嬴政は韓非の来訪を喜んだが、会うことはなかった。会う前に李斯と姚賈《ようか》の讒言によって収監され、韓非は韓のために動く者として雲陽の地で服毒自殺を強いられた。李斯と韓非は荀卿（荀子）の同門で、李斯は韓非には及ばないことを感じていたので、帰国させると秦のためにならないと感じていた。秦王は後悔して釈放しようとしたが、間に合わなかった。

韓非の主張は、国を治める法と臣下を御する術に加えて、勢を重視する。軍事的に対立

＊2　鍾の字が正しい。一鍾は六斛四斗の容量。一斛（石）は一〇斗、六四斗は日本の六四升（一升瓶六四本）程度。
＊3　「徳の寡ない人」という諸侯の謙譲の自称。
＊4　韓非のことば。龍のあごの下にある逆さ鱗に触れると殺されるという。

していた戦国諸国のなかで勝利していくためには、風に乗った弓のような勢いが必要であった。韓非は亡くなったが、韓非の主張は秦のその後の東方戦略に活かされていった。統一後に李斯が誘導した焚書坑儒も同門の韓非の思想から来ている。韓非は商鞅変法のときに「詩書を燔《や》き法令を明らかにした」ことを伝えている。

張良《ちょうりょう》（韓）（～前一八六）――秦王暗殺を試みた男の数奇な生涯

韓人の張良は、韓が秦に滅ぼされた後に、始皇帝嬴政への復讐の行動に出た。張良の祖父や父は五代にわたって韓の丞相を務め、家内奴隷を三〇〇人も抱える裕福な家であった。張良もそのまま韓の国が存続していれば、韓の丞相になったはずである。

しかしまだ年少で韓に「宦事《かんじ》＊5」する前、始皇一七（前二三〇）年に秦が韓を滅ぼした。この際に張良は弟を亡くしているが、埋葬もできなかった。敗北した韓の戦死者は、埋葬もできなかったのであろう。内史騰《とう》が韓王安を捕らえたときのことである。

張良は家財をつぎ込んで、秦王嬴政を刺殺する客を求め、韓のために復讐を誓った。客とは燕の太子丹であれば荊軻に相当するが、荊軻の暗殺未遂事件は始皇二〇（前二二七）年のことであり、張良はそれ以前に秦王暗殺を決意したのかもしれない。

時は流れ、秦王嬴政が皇帝となった後の始皇二九（前二一八）年、始皇帝の第三回巡行でようやく暗殺の機会が訪れた。張良は、もとの楚の淮陽《わいよう》の地で礼を学んでいたときに東方の倉海君《そうかいくん》と会い、その有力者の庇護下にいた力士に協力を得た。力士は主人を守る兵士である。張良は博浪沙《はくろうさ》の地で力士に一二〇斤（三〇キログラム）の重さの鉄槌を投げさせたが、巡行の列の皇帝の車輿《しゃよ》の副車に当たって失敗に終わった。張良は客と一緒に行動していた。博浪沙は旧韓の国の都・新鄭《しんてい》の北にあり、張良も熟知した地であった。

張良は姓名を変えて下邳《かひ》の地に逃亡した。下邳は春秋時代の泗上十二諸侯の邳《ひ》国があった地である。自立した小国が泗水流域に集まり、楚や斉の大国の狭間で独自な動きをしていた。始皇帝の時代にも逃亡者を匿う任俠の風があった地域であった。張良に『太公兵法』の書（周の文王の師・太公望による兵法書）を授けた老夫に遇ったのも下邳であった。項羽の叔父の項伯《こうはく》が殺人事件を犯したときに、下邳にいた張良が匿っている。隠匿した者も同罪となる秦の法に反する、命を懸けた行動である。殺人の場合、被害者による復讐も社会的には許されていたので、被害者の復讐行為からも守ったのであろう。このような行

＊5　官吏として国に仕えること。宦は仕える意味で、去勢されて後宮に仕える宦官ではない。

為が任俠であった。

始皇帝の死後、陳勝呉広の乱が起こると、張良の下には任俠の徒の少年が百余人も集まった。少年とは二男以下、家から出されて無頼の徒となっていた若者である。泗水流域の泗水亭長であった劉邦も、数千人を率いて下邳に移動し、ここで張良と合流した。

嬴政暗殺を実行して失敗した人物には荊軻、高漸離《こうぜんり》、張良の三人の名前が挙げられる。荊軻、高漸離はその場で殺され、張良は逃れて沛公劉邦の参謀となり、漢王朝に仕えることになる。かれには始皇帝と秦帝国崩壊後に、あらたな人生が待っていた。母国を失った張良の生涯の前半（前二三〇～前二一八年の一二年）は、みずから「万金の資を愛《おし》まず、韓の為に彊秦《きょうしん》に報讐《ほうしゅう》すれば、天下振動す」と言い、後半生は「今三寸の舌を以て帝者の師と為り、万戸に封ぜられ、列侯に位し、此布衣《ふい》の極、良に於いては足るなり」と総括している。前半生の復讐劇は倉海君から与えられた力士、後半生の軍師は黄石公《こうせきこう》（老夫）から与えられた兵法書が張良を支えた。不思議な運命を持った人物であった。

司馬遷は張良の肖像画を見て、容貌が意外にも婦人好女（見目麗しい婦女）のようだと驚いている。洛陽古墓博物館の鴻門《こうもん》の会の壁画にも、そのような姿の画像を見ることができる。「万金の資」と「三寸の舌」で生きてきたというのは、張良みずから始皇帝に鉄槌を投げるまでの腕力がなかったことからきている。しかし始皇帝を激怒させ、全国に犯人捜査を一〇日間も命じるなど、天下を不安にして揺るがしたことで、未遂に終わっても張良自身は満足していたのであろう。

高漸離《こうぜんり》（燕）（?〜前二一五）——視力を失い、弦楽器で暗殺を試みた男

前出の荊軻は燕の都の市場では酒に浸り、そこで筑《ちく》の名手の高漸離と出会った。筑とは、弦を弓で弾かずに、バチで撃つ小型の弦楽器である。湖南省長沙王侯墓から実物が出土し、五弦で長さ一一七センチメートルと持ち運びに便利な小さなものであることがわかっている。

高漸離は筑を撃ち、その音色に荊軻はみずからの歌声を重ねた。弦を撃つと、悲しげで乾いた音がする。荊軻が秦の咸陽に向けて出発したときにも、易水のほとりで見送った高漸離は筑を撃ち、荊軻は「風蕭蕭《しょうしょう》として易水寒し。壮士一たび去って復《ま》た還らず」と歌った。

荊軻による秦王暗殺未遂事件の後、高漸離の始皇帝を暗殺しようとした行動が、『史記』刺客列伝の最後に記されている。

高漸離は、太子丹と荊軻の「客」であった。秦は暗殺未遂後、事件を企てた太子丹と荊軻の「客」を捕らえようとした。太子丹はみずからの舎にいろいろな人々を留めており、荊軻は丹の上舎の客であったので、高漸離も丹の客として養われていたのであろう。高漸離は名前を変えて逃亡し、もとの趙の宋子《そうし》という地で新たな主人に仕える雇用人となって身を潜めていた。

しかし筑の奏者としての誇りから、身元が割れることになった。主人の家の客が撃つ筑の音色に、不出来を評したくなる。高漸離は座をはずして箱に収めていた自分の筑と装束を取り出し、正装して演奏した。一同皆驚き、上客の席に座らせた。筑を撃ちながら歌うと、涙を流さない者はいなかったという。

そのうわさが始皇帝の耳にも入った。やがてあの高漸離であることが知れたが、始皇帝は筑の音を失うのを惜しみ、殺さずに失明させてまで、身辺に呼んで演奏させた。高漸離は筑のなかに鉛を入れて近づき、筑で始皇帝を撃ったが当たらなかった。高漸離は殺され、始皇帝もその後、諸侯の人(旧東方六国人)を近づけなかったという。

高漸離の行動は、殺された荊軻に代わる復讐であったのか、自身の国を奪われたことに対する復讐であったのかはわからない。この事件、始皇帝が第四回巡行の途上、宋子の地を通過したときに高漸離のうわさを耳にして呼び寄せたとすると、始皇三二（前二一五）年のことである。荊軻の匕首《あいくち》、張良の鉄槌に次ぎ、今度は高漸離の筑である。楽器を暗殺の手段にするのは、始皇帝としても流石に予想外であったに違いない。

信陵君《しんりょうくん》魏無忌《ぎむき》（魏）（?～前二四三）——合従軍を率いた魏将

秦王嬴政と直接対峙したわけではないが、父荘襄王の時代に合従軍を率いた無忌《むき》についても触れておきたい。秦を苦しめた天敵として、秦王嬴政も意識せざるを得なかったはずだからである。

秦の荘襄王三（前二四七）年、魏の封君で将軍となった公子無忌が五国（燕・趙・韓・楚・魏）の兵を率いて秦を攻撃し、秦軍を河外（黄河の西岸）に撃退し、秦の蒙驁軍を走らせた。無忌軍側の勝利であった。秦軍を函谷関《かんこくかん》に止めて関外に出られないようにし、それまで韓・趙を攻撃していた蒙驁軍の東方戦略を一時停止させる効果があった。

過去の恵文王七（前三一八）年の五国（韓魏趙・斉燕）合従軍、昭王一一（前二九六）年の

五国〈韓魏趙・斉宋〈中山〉〉合従軍に続く五国の合従軍である。その後の始皇六〈前二四一〉年の五国〈韓魏趙・楚衛〉合従軍へと続く意味でも、東方六国にとって重要な同盟軍であった。合従軍はいつも東方六国からそれぞれ一国欠けた五国の合従であるところが面白い。

戦国四封君《ほうくん》の一人として食客三千人を集めていた無忌は、賢者として評価が高く、国境を越えた豊富な人脈を持っていた。魏王の異母弟でありながら、母国を越えた国際的な存在であった。他国の諸侯も無忌が存在することで魏を侵略することはなかった。

魏国内では異母兄の安釐《あんき》王と確執があった。無忌の姉はやはり四封君の趙の平原君趙勝の夫人で、趙は邯鄲《かんたん》を秦軍に包囲され、救援を魏王に求めたが、魏王は秦王の脅しに負け、邯鄲には入らなかった。無忌は魏王の虎符を盗み出し、趙救援軍を出して成功している。

その後、趙に止まり、母国魏に一〇年も戻らなかったが、魏都・大梁の先王の宗廟を秦軍から守るために魏王の要請を受けて帰国し、魏の上将軍となった。各国は魏を救うために軍を派遣し、合従軍が成立した。

無忌は始皇四〈前二四三〉年に亡くなるので、若き秦王嬴政も父荘襄王の時代の合従軍の敵方将軍として十分意識していたはずである。無忌の名は、嬴政のときの合従軍を率いた龐煖《ほうけん》とともに、秦側の記憶に残された。秦王〈おそらく即位したばかりの秦王嬴政〉は反間を使って無忌が魏の王位を狙っていると告げ、魏王との関係を絶たせた。

無忌は日夜酒と婦女に溺れる生活を送り、最後は酒がもとで病死した。無忌が亡くなったことで秦側は反撃する。始皇五(前二四二)年に蒙驁は魏の二〇城を取り、占領郡の東郡を置いた。嬴政即位後はじめての占領郡であり、魏は大きく領土を削られることになった。

春申君黄歇《しゅんしんくんこうけつ》(～前二三八)――合従軍を率いた楚の丞相

楚人で戦国四封君の一人である春申君黄歇《こうけつ》は、食客三千人を抱えていた。戦国四封君のうち、孟嘗君《もうしょうくん》田文を除いて春申君黄歇、平原君趙勝(嬴政九歳のとき死)、信陵君魏無忌(嬴政一七歳のとき死)ら三人は、嬴政と同時代を生きていた。黄歇は嬴政二二歳のときに亡くなっている。

楚の考烈王に太子のときから仕え、令尹《れいいん》(丞相)として王を二五年も支えた。丞相になってから二二年後の前二四一年、合従軍を結成し、考烈王を従長(合従の長か)とし、黄歇みずから函谷関まで出兵したが、秦軍の出撃で敗走した(春申君列伝)。同年(始皇六)の秦始皇本紀の記事では、五国の韓・魏・趙・衛・楚軍は寿陵を取り、秦の出兵で五国の兵は終わったという。楚世家の記事でも諸侯と秦を伐ったが、利もなく去ったと伝えている。

寿陵の地まで入り、秦を混乱させたことが一応の五国軍の勝利であったが、最終的な結果は五国軍の敗北であった。このとき趙の龐煖将軍が精鋭を率いて秦の蕞《さい》の地に入っている。黄歇将軍と龐煖将軍は別々に動いていたようであり、敗戦の原因であったのかもしれない。

考烈王からは合従軍の敗戦の責任を問われ、二人の関係が悪くなった。そして黄歇は、秦軍を恐れて都を陳から寿春に遷した。

黄歇は令尹（丞相）だが、将軍の経験はあった。長平の戦いのときに、邯鄲救援軍をみずから率いている。丞相一四（前二四九）年に北伐して魯を滅ぼしたときもみずから行動した。一五（前二四八）年みずからの封地を淮北《わいほく》（淮水北部）の一二県から江東の呉墟《ごきょ》（前四七三年に越に滅ぼされた呉の都の廃墟）に遷した。淮北一二県は斉に近く、直轄の郡を置いた方が便利であるという判断であった。

ちなみに、黄歇の黄氏（秦と同じ嬴姓）の由来は黄国にあった。黄国は淮水流域の小国で、楚成王二二（前六四九）年、楚に滅ぼされている。

項燕《こうえん》（?〜前二二四）――秦の李信軍に勝利した楚将

秦と戦った楚の側には、将軍項燕がいた。項燕も秦軍に勝利した六国の将軍の一人である。項燕の子が項梁《こうりょう》で、項梁の甥が項羽である。項羽が下相《かしょう》の人と伝えられているので、祖父の項燕も下相の出身かもしれない。下相は淮水に注ぐ泗水流域の都市である。戦国初期まで泗上十二諸侯の自立した小国群があった独特の風土があり、楚の都・寿春にも近い。

項燕は功績を重ね、部下を労り、慕われていた。秦の昭王のときの楚には将軍唐昧《とうばつ》や景《けい》欠《けつ》、景陽《けいよう》といった英傑がいたが、秦王嬴政のときにはもっぱら項燕が表に出た。

項燕の家は代々の将軍家で、楚の旧都・陳にも近い項《こう》の地に封ぜられたことから項氏と称した。史書には項燕以前の項氏の将軍は確認できないが、項羽の叔父の項伯（名は纏《てん》）はもとは楚の左尹（楚の丞相にあたる令尹の補佐）であり、項氏も大臣を出していたことがわかる。

始皇二三（前二二四）年、項燕は秦から帰国した昌平君を立てて楚王とし、淮南《わいなん》の地で秦に反抗した。始皇二四（前二二三）年、秦の将軍王翦《おうせん》と裨《ひ》将軍（副将軍）の蒙武によって楚軍は敗れ、昌平君は死去、項燕は自殺した（秦始皇本紀）。『史記』六国年表では項燕は始皇二三年に殺されたとし、年代が食い違う。

項燕が殺されたのは、蘄《き》県の南であった（王翦列伝）。のちに項燕の子の項梁が何かの理由で秦の櫟陽《やくよう》で逮捕されたときに、蘄県の獄掾《ごくえん》（裁判を掌る官吏）の曹咎《そうきゅう》が櫟陽の獄掾の司馬欣《しばきん》に書簡を送り釈放されたのは、人望の厚い項燕の亡くなった蘄県の土地であったことに関係しているだろう。項燕は民間では死なずに逃亡したとも伝えられていたので、項燕の名をかたって反乱を起こす者もいた。

王翦軍が楚に入る前、項燕軍は秦の李信軍二〇万に勝利していた。李信軍は平輿を攻め、蒙恬《もうてん》軍は寝《しん》を攻めた。淮水北部の地を熟知する項燕軍は、国中の兵士を動員して三日三晩休まずに進軍し、李信・蒙恬軍を破った。

コラム　始皇帝の近臣たちの墓の真相

始皇帝の近臣たちの墓は、始皇帝の陵墓にはないとされてきた。だが、近年の発掘調査によって、始皇帝陵は漢代の皇帝陵と同じように陪葬墓があり、近臣は皇帝のもとに埋葬されていることがわかった。

近臣のうち、少なくとも呂不韋、李斯、蒙恬、王翦は陪葬墓には入っていない。

呂不韋の墓は、自殺した洛陽にあり、領地に埋葬されたことになる。佚文《いつぶん》となって原書は残されていないが『皇覧《こうらん》』の書には「呂不韋の冢は河南洛陽北邙山に行く道の西にある大冢《たいちょう》であり、呂不韋の妻が最初に埋葬されたので、民間では呂母の冢と伝えられている」という。この書は三世紀三国魏の文帝の命で編纂された一種の百科事典であり、文帝曹丕《そうひ》は父曹操《そうそう》の薄葬の令を受けてみずからの薄葬の命令を下すほど歴代の墓葬に関心を持った。

上古の帝王から周王、秦王、始皇帝、漢皇帝など数多くの陵墓の状況を調べさせたので、呂不韋の墓の記述も信頼できる。呂不韋が残した『呂氏春秋』には、盗掘されないためには質素な埋葬を行うべきことが見える。呂不韋の大冢というのも、自然の山陵に見せかけて盗掘を防ごうとした墳丘であったのであろう。嫪毐の乱の後に、呂不韋が相邦を解任されて雒陽に送られたときに、諸侯や賓客の使者が道に溢れたという。かれらによって丁重に埋葬されたのであろう。

李斯の墓は、始皇帝陵からは遠く離れた河南省上蔡県にある。訪れてみると、円墳の前には「秦丞相李斯之墓」と刻した現代の碑があった。『史記』には始皇帝の死後、咸陽で腰斬の死罪を受けたあとのことは記されていない。李斯は処刑の直前に、自分の子と一緒に故郷の上蔡県の東門で黄色い犬を連れて兎狩りをしたいと述べている。遺体も上蔡県に帰葬（故郷に埋葬されること）された可能性は大いにある。

蒙恬の墓は陝西省綏徳《すいとく》県西〇・五キロメートルにあり、「秦将軍蒙恬墓」と刻した清乾隆《けんりゅう》年間の石碑が残されている。死罪を命じられた場所に埋葬されたことになる。同時期に自決した扶蘇の墓も、同じ綏徳県に残されている。

王翦の墓は陝西省富平県東北二〇キロメートルに高さ約九メートルの墳丘として残されている。王翦は内史の頻陽県の出身であるから、故郷に埋葬されたことになる。王翦と李信とが楚への出兵をめぐって争ったときに、秦王は李信を信頼したところ、王翦は頻陽に帰老した。李信が敗北したあとに、秦王はわざわざ頻陽に赴いて王翦に謝った。統一後の王翦の動静はまったく『史記』に記載がない。咸陽にも近い故郷に戻って老年を過ごして埋葬されたのであろう。

始皇帝陵は二重の城壁に囲まれており、西側の内城と外城の間に六一もの陪葬墓がある。そこはだれも埋葬していない空墓であるらしい。さらに外城の西には大型の陪葬墓があり、東西に整然と並んでいる。磚房村《せんぼう》墓葬と呼ばれ、近年一部の発掘が進められている。本書で述べてきた始皇帝の近臣たちの墓ではないかと考えている。

二〇二〇年からその概要が報道され始めた。始皇帝陵に近い東側には、墓道が南北に二本ある中字形墓（中の字の中央が墓室で、上下に墓道が延びる）が四基、その西側には墓道一本の甲字形墓（墓室の下に一本の墓道が延びる形）が五基あり、中央の最大級の中字形の一号墓が発掘されている。陪葬坑も三基付属している、かなり身分の高い人物の墓である。秦の時代、墓道が四方に四本ある亜字形が秦王、王后など最大級の墓葬であり、始皇帝陵も同じである。一号墓の陪葬坑からは青銅の騎馬俑、舞踊俑、金銀のラクダ俑などが出土した（「秦始皇帝陵西側墓葬M1発掘新収穫」中国社科院考古所中国考古網二〇二二年一月二七日）。残念ながら被葬者の名前を記すものはまだ発見されていないが、車馬坑からは大変珍しい六頭立ての羊車（羊は本物）も出土している。

始皇帝に最後まで仕え、二世皇帝の治世まで高位にあって失脚していない人物は少ない。趙高も李斯を死罪に追いやったが、秦王子嬰に刺殺された。馮劫、馮去疾も二世皇帝を諌めて自殺させられた。王賁の子の王離は項羽に捕らえられて降伏した。

始皇帝の巡行に同行し、琅邪台の刻石に名前を刻んだ高官一一名のなかで、王離、李斯を除く九人は、最後まで政治的にも無事生きながらえた可能性がある。王賁（王翦の子、爵位最高第二〇級の列侯）、趙亥《ちょうがい》（爵位第一九級の倫侯）、成《せい》（姓氏は不明、倫侯）、馮毋《ふうぶ》択《たく》（倫侯）、隗状《かいじょう》（丞相）、王綰《おうわん》（丞相）、王戊《おうぼ》（卿、大臣）、趙嬰《ちょうえい》（爵位第の第九級の五大夫）、楊樛《ようきゅう》（五大夫）らであり、高爵、高官のかれらがこの陪葬墓の被葬者であるかもしれない。一号墓は隗状、王綰の丞相クラスの高官の墓かもしれない。

陪葬墓というのは殉葬ではないので、始皇帝の生存中にその者が亡くなったときにはその時点で埋葬される。始皇帝の死後、二世皇帝の時代には埋葬される余裕はなかっただろう。大型陪葬墓の真相の解明は、今後の発掘に待たれる。

おわりに

これまで見てきたように、秦と東方六国との戦争は秦の側から見れば、連衡による東方諸国の服属から諸国を滅ぼしていく統一戦争へ転換したのが正義の道であったが、征服された東方六国の側から見れば、侵略に抗う合従の戦争であった。中国古代史という学問の世界では、これまで秦の統一戦争の過程を必然の歴史として論ずることはあっても、統一戦争が同時に征服戦争であり、秦と六国双方の対立する視点から戦争の実相を捉えることはあまりなかった。そもそも戦争の勝敗の記事は歴史学の対象とはならなかったのである。

しかし本書の執筆にあたって始皇帝の戦争をテーマに丹念に戦争史料を整理してみると、実に興味深い歴史が様々に浮かび上がってきた。筆者も始皇帝研究をこれまで進めてきたが、今までとは違う感触を得たのである。始皇帝自身の戦争と外交への関わり方は、けっして確固とした理念があったわけではなかった。何度も挫折しながら、それでも前に進めたのは、周囲の人々を信頼しながらも、ときには欺かれても果敢に対応していったかれの人間力にあったと思われる。

筆者が近臣たちをあえて近臣集団と命名したのは、漢の劉邦の高祖集団を意識してのことであった。劉邦は反権力集団の任俠的人間の絆を重視して、最後は国家権力を手中に収めた。始皇帝も皇帝として出発したわけではないので、高祖集団に近い人間の絆を重視する動きをしたと思われる。秦王に即位して王権を得た後も、王権の上にあぐらをかく権力者とはならなかった。いや、なれなかったのである。秦は東方六国の合従の力で、いとも簡単に滅ぼされてしまう危険に何度もさらされていた。嬴政は絶えずその緊張を抱きながら統一までの二六年間を過ごしてきたのである。

始皇帝をめぐる人間たちは、なぜ外国人が多かったのだろうか。執筆しながら、いつも思うことであった。呂不韋、李斯、趙高、蒙驁らは秦という国に忠誠を誓ったわけではなく、始皇帝嬴政という人間力に惹かれていったのだと思う。戦国封君は王ではなく、王族として、また王の近くに身をおいて、自由に様々な人材を集めることができた。秦王嬴政は王であったが、戦国封君のように外国から有能な人材を集めようとした。逐客令によって外国人を追放していたとしたら、秦による統一は実現しなかったと思う。

本書の執筆の結果、始皇帝嬴政という権力者を美化しているのではないかという意見をいただいたら、実は本意ではない。私たちに残された史料自体が勝者の秦の側に偏っているが、もし東方六国の側の敗者の側の史料があれば、始皇帝の存在はもっと相対化できたと思う。勝者は敗者の史料を破棄してしまった。焚書令では、秦の史官のもつ『秦記』（秦の歴史書）以外はすべて焼却した。その結果、司馬遷も『史記』では『秦記』をもとに秦の統一の歴史をまとめたのである。司馬遷も始皇帝の統一を必然の歴史として理解したことだろう。

戦争に関する文字史料は、どのような立場で書かれたかによって、その戦争に対する理解が異なってくる。史料には書き手の立場があって一色ではない。史料には同時代の始皇帝の時代の秦の官吏が残した簡牘史料もあれば、秦が滅亡した後の前漢時代に司馬遷によって編纂された『史記』などの史料がある。

『史記』という史料も複雑であるのは、司馬遷が執筆したものではなく、そのなかに同時代の秦の史料の『秦記』以外にも、たとえば『戦国策』の原史料である『戦国縦横家書』もあれば、始皇帝の事業を顕彰した泰山刻石などの刻石文もあることである。また、秦に征服された東方六国の地に伝わっていた反始皇帝伝説も『史記』には数多く組み込まれた。司馬遷は前漢武帝期の太史令として、こうした各種史料を『史記』のなかに取り込んだ。

その際に当然、司馬遷自身の歴史観が反映されたうえで、原史料が並べられる。司馬遷は『史記』のなかに周本紀、秦本紀、秦始皇本紀、項羽本紀、高祖（劉邦）本紀と本紀（帝王の年代記）を並べることによって、周・秦・楚（戦国の楚を復興した項羽の楚）・漢という王朝交代を説明した。秦による統一を必然としながらも、秦の崩壊の歴史も必然としなければならなかった。司馬遷は秦始皇本紀と高祖本紀の間に項羽本紀を挟んでおり、そこにかれの歴史観が示されている。

始皇帝亡き後の五諸侯の合従軍の方は、秦王のときの六国の合従軍と違い、秦を滅ぼすことに成功した。司馬遷も項羽当人も、いったんは統一した始皇帝の天下が、始皇帝の死後、合従軍に脆くも滅ぼされたという歴史観に基づいて回顧していたのだと思う。

統一秦が崩壊した後の前漢の時代から見ると、秦が統一したことを認めながら、統一秦もわずか一五年で崩壊したことを説明しようとする。そこでは秦の統一や崩壊を既定の事実として認めながら、その秦による統一の歴史を必然として語るのである。

本書での筆者の立場は、秦の立場で統一戦争を必然の歴史として語るのではなく、漢代の議論のように秦の崩壊を歴史の必然として語るものでもない。歴史には時代の流れがあるにしても、その流れはたえずその状況によって様々な選択肢があり、偶然の状況によって歴史は流れていたことをとらえていきたい。

したがって結果からさかのぼって秦の軍事力、経済力の優位性や崩壊時の脆弱性を語るのではなく、戦争において刻々と変わる国境線をたどりながら、様々な状況を分析し、始皇帝の戦争の実態を語ったつもりである。戦争と和平が複雑に交錯しながら、最後は一気に六国が滅亡する道に突入してしまった歴史を強調した。この流れは必然の流れではなく、最後までいつでも秦が敗北する道はあったかと思う。

歴史とは、つねに偶然の連続である。呂不韋と父子楚の出会いから始まる秦王嬴政の即位までの過程はまさに偶然の事象であり、その後は始皇六年の五ヶ国合従軍の侵入、始皇八年の弟成蟜の反乱、始皇九年の嫪毐の反乱、始皇一四年と始皇一五年に李牧軍に敗戦、始皇二〇年の荊軻による暗殺未遂事件、始皇二二年に李信・蒙恬軍が楚軍に敗北など、たどってみると、秦王嬴政にとって多難な道であったことは間違いない。近臣集団に支えられながら、何とか統一の道を進んだのである。

始皇帝と近臣集団の関係は、始皇帝の死によって次代に受け継がれるものではなかった。二世皇帝胡亥は、また新たに近臣集団を築く必要があった。しかしながらその暇もなく、秦という国家は崩壊してしまったのである。

一昨年に「古代中国と兵馬俑～秦漢文明の遺産～」展（二〇二二年三月～二〇二三年二月東京新聞ほか主催）を開催したときに、『キングダム』の作者原泰久氏と対談させていただいたときのことを思い起こした。私は従来の暴君像ではない「人間始皇帝」の研究に取り組んできたが、原氏の『キングダム』はまさに始皇帝・嬴政がひとりの人間として描かれていて、最初に読んだときからファンになったことをお伝えした。

私の大学の講義でも、『キングダム』を通じて学生たちとのコミュニケーションが緊密になった気がした。私の教え子の大学院生からも「王騎将軍のようなキャラクターが魅力的で、死んでしまうのが悲しくて泣いてしまった」という声を聞いた。私が大学の講義で史料に出てくる王齮を語っても、けっしてこのような感想はもらえない。作品に触れ、歴史書の空白の部分を埋めてくれるフィクションの中にも、実は真相が隠されているのかもしれないと感じた。

原氏は、始皇帝については、連載前に資料を調べているうちに「政（始皇帝）は暴君ではなかったのではないか」と回顧された。政が外国人を追放する「逐客令」を出したとき、側近の李斯が撤回を願い、政がそれを受け入れたことに気づかれたのである。暴君であれば部下の意見など聞かないだろうから、英雄として描けそうだと思われたという。

私たち歴史家は史実だけを追い求めているようであるが、実は違う。史料を読み、史実を並べただけでは歴史学にはならない。いくつかの史実の間を結びつける何かを見出す作業は、フィクションを生み出すことではないが、史料には書かれていない歴史の真実を発見するものである。

本書でもいたるところにその発見を述べてきたつもりである。その発見は、本書を書き終えた今でも続いている。私の頭のなかには「始皇帝の戦争」に続く、「始皇帝の○○」の構想がまとまりつつある。本書の読者の皆様とは、そこでまた再会させていただきたい。

朝日新聞出版の編集者であり、キングダムのファンでもある飯塚大和氏に原稿依頼された内容も、原氏の『キングダム』と私の歴史学との接点から生まれたものである。飯塚氏との出会いがなければ、本書は書き上げられなかったと思う。原稿全体の構成や、個々の記述への意見などを熱心にいただいた。ここに謝意を述べさせていただきたい。

秦国の系図

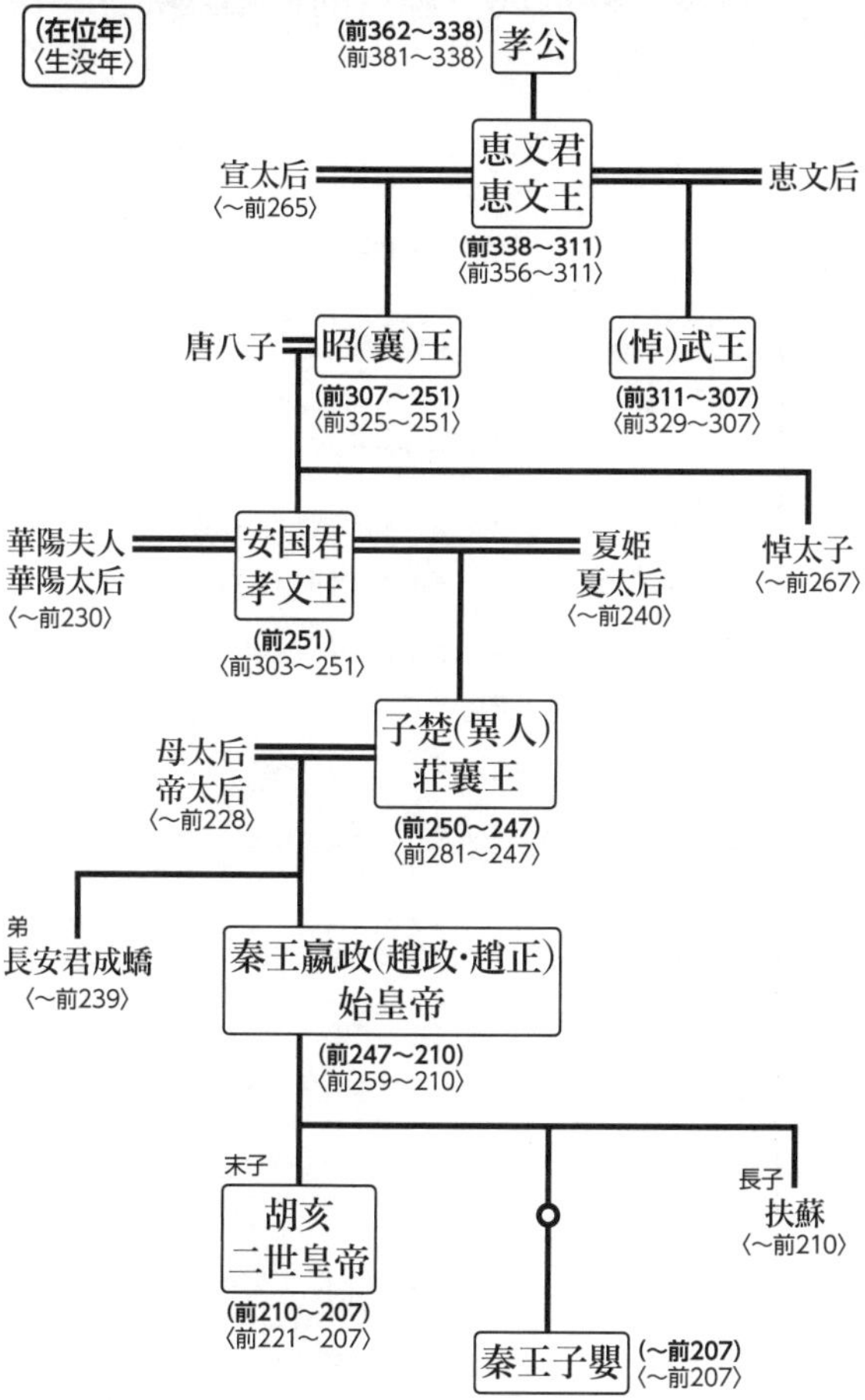

(在位年)
〈生没年〉
(前362～338)
〈前381～338〉
孝公
宣太后
〈～前265〉
恵文君
恵文王
(前338～311)
〈前356～311〉
恵文后
唐八子
昭(襄)王
(前307～251)
〈前325～251〉
(悼)武王
(前311～307)
〈前329～307〉
華陽夫人
華陽太后
〈～前230〉
安国君
孝文王
(前251)
〈前303～251〉
夏姫
夏太后
〈～前240〉
悼太子
〈～前267〉
母太后
帝太后
〈～前228〉
子楚(異人)
荘襄王
(前250～247)
〈前281～247〉
弟
長安君成蟜
〈～前239〉
秦王嬴政(趙政・趙正)
始皇帝
(前247～210)
〈前259～210〉
末子
胡亥
二世皇帝
(前210～207)
〈前221～207〉
秦王子嬰
(～前207)
〈～前207〉
長子
扶蘇
〈～前210〉

嬴政の生涯と重要人物の没年

＊嬴政の生涯の事件と人物の死との因果関係が見えてくる。

年	嬴政の生涯	没年	人物
前260	259 生誕（1歳）		
前250		251	昭王（曾祖父）・安国君孝文王（祖父）・趙平原君趙勝
	247 即位（13歳） ←	247	荘襄王子楚（父）
		244	王齮（秦将）
		243	魏信陵君無忌
	241 合従軍（19歳） →		
前240		240	蒙驁（秦将）・夏太后（実祖母）
	238 乱（22歳） →	238	嫪毐（仮父）楚考烈王（合従長）・春申君黄歇（楚令尹）
		235	呂不韋（仲父・秦相邦）
		233	韓非
前230	230 十年戦争（～221） →	230	華陽太后（孝文王夫人）
		229	李牧（趙大将）
		228	帝太后（母）・桓齮（秦将）
	227 暗殺未遂（33歳）→	227	荊軻・樊於期（秦将）
		226	燕太子丹
		224	昌文君（秦相邦）
		223	昌平君（楚王）・項燕（楚将）
	221 統一（39歳） ←		
前220			
	215 匈奴百越戦争（45歳）		
前210	210 死（50歳） →	210	蒙毅・扶蘇（長子）・蒙恬（秦将）
		208	馮去疾（右丞相）・馮劫（御史大夫）
		207	李斯（左丞相）・趙高（丞相）・二世皇帝胡亥（末子）
		206	秦王子嬰（孫）

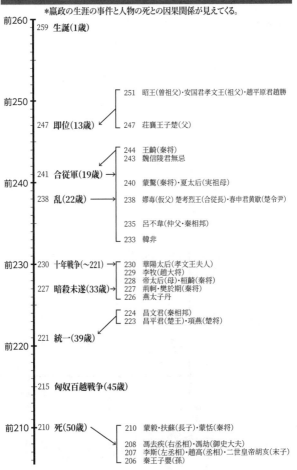

〔秦王・始皇帝嬴政の生涯年表〕

〈誕生から咸陽への帰還〉

前259（昭王48）（1歳）嬴政《えいせい》（趙正）、趙都の邯鄲《かんたん》で、秦の質子《ちし》である子楚《しそ》（父）と趙の豪家の母のもとに誕生。

前257（昭王50）（3歳）秦の王齮らが邯鄲を囲むが、趙は魏の公子無忌《むき》（信陵君《しんりょうくん》）、楚の春《しゅん》申君《しんくん》らの国際的な支援を受けて難を逃れる。

前255（昭王52）（5歳）秦、周の分家の西周君を滅ぼす。秦は周の九鼎を得たという。

前251（昭王56）（9歳）嬴政の曽祖父・昭王が72歳で死去。長い間太子であった祖父安国君（孝文王）が53歳でようやく即位するも、3日で謎の死を遂げる。嬴政の父・子楚が32歳で即位する（荘襄王）。
○このころ嬴政と母が邯鄲から秦都の咸陽《かんよう》に入る。

前249（荘襄王元）（11歳）呂不韋《りょふい》、荘襄王の相邦《しょうほう》となり、みずから周の分家の東周君を滅ぼす。旧周の地に三川《さんせん》郡を置く。蒙驁《もうごう》、秦の将軍となる。

前248（荘襄王2）（12歳）秦将蒙驁、趙の楡次《ゆじ》など37城を攻撃。

〈少年王の即位〉

前247（荘襄王3）（13歳） 秦将王齮、趙を攻略する。趙の地に泰原郡《たいげん》を置く。魏の公子無忌（信陵君）率いる五ヶ国合従軍、秦を攻撃して蒙驁を走らせる。5月、荘襄王35歳で死去し、嬴政13歳で秦王に即位する。
○このころ李斯《りし》、相邦呂不韋の舎人《しゃじん》となり、その後、秦王の郎官となり、秦王に帝王の素質を見出す。

前246（始皇元）（14歳） 韓の鄭国《ていこく》、秦の軍事力削減を狙って秦に入り、涇水《けいすい》に渠（鄭国渠）の造営を始める。

前245（始皇2）（15歳） 麃公、魏の要地巻を攻め斬首3万。

前244（始皇3）（16歳） 王齮死去。

前242（始皇5）（18歳） 衛都の濮陽に秦の占領郡の東郡を置く。秦王嬴政はじめての占領郡であり、北の趙と南の魏を分断する位置にある。

〈合従軍への応戦と内乱〉

前241（始皇6）（19歳） 楚の考烈王は春中君黄歇の力で韓魏趙衛楚の五ヶ国合従軍の長となり、咸陽東南の孝文王の寿陵を攻める。一方趙将の龐煖、趙楚魏燕の精鋭を率いて秦都咸陽の東の蕞を攻める。敗北した楚は陳郢から寿春に遷都する。

前240（始皇7）（20歳）将軍蒙驁死去。嬴政の祖母夏太后死去。

前239（始皇8）（21歳）秦王の（異母）弟の長安君成蟜《せいきょう》が反乱を起こして殺される。

前238（始皇9）（22歳）嫪毐《ろうあい》の乱が起こる。
楊端和《ようたんわ》、魏の衍《えん》氏の地を攻める。
楚考烈王、春申君黄歇死去。

前237（始皇10）（23歳）鄭国が間諜であることが発覚したが秦王は工事を継続させ、外国人排斥の逐客令も李斯の反対意見を受けて取りやめる。
桓齮《かんき》将軍となる。

前236（始皇11）（24歳）秦軍、趙への攻撃を強め、王翦《おうせん》、桓齮、楊端和ら趙の鄴《ぎょう》や閼与《あつよ》など9城を取る。

前235（始皇12）（25歳）呂不韋、雒陽《らくよう》で鴆酒《ちんしゅ》を飲んで自殺する。

前234（始皇13）（26歳）秦将桓齮、趙の平陽《へいよう》を攻撃し、扈輒《こちょう》将軍を殺して10万人を斬首。趙は李牧《りぼく》を将軍とし、秦軍を宜安《ぎあん》に討ち、秦軍を破って桓齮を走らせる。
旧楚の占領郡の民（南郡の喜）が、秦の戦争に動員される。

前233（始皇14）（27歳）秦将桓齮、趙の平陽、武城、宜安を平定。
韓非《かんぴ》、秦を訪れるが自殺させられる。

前232（始皇15）（28歳）秦軍、趙の鄴を攻め、泰原と狼孟《ろうもう》も攻撃する。

旧楚の占領郡の民（南郡の喜）が、平陽での対趙戦に動員される。


前231（始皇16）（29歳）韓から土地を献上され、南陽仮守の騰《とう》に治めさせた。

酈《り》山《ざん》陵と麗邑（都市）を作り始める（荊州胡家草場12号漢墓簡牘『歳記』）。

秦の男子に年齢を申告させ、徴兵に備える。

〈十年戦争と暗殺未遂事件〉

前230（始皇17）（30歳）秦の内史の騰、韓王安《あん》を捕虜にし、韓を滅ぼして潁川《えいせん》郡を置く。ここから六国滅亡にいたる十年戦争が始まる。

華陽太后死去。


前229（始皇18）（31歳）秦は趙への大軍事行動を起こす。趙の大将李牧、将軍司馬《しば》尚《しょう》が迎撃するも、李牧は讒言により趙王に斬殺され、司馬尚は解任される。


前228（始皇19）（32歳）秦将王翦、楊端和、羌瘣《きょうかい》が趙を急襲し、邯鄲の趙王遷《せん》を捕らえる。

李信《りしん》は別行動で泰原、雲中《うんちゅう》で趙軍と戦う。

趙王遷の兄弟で嫡子の趙嘉《か》が代《だい》の地に行き王となる。

嬴政の母の太后が死去。

前２２７（始皇20）（33歳）燕太子丹《たん》が送った荊軻《けいか》が咸陽で秦王暗殺未遂事件を起こす。これを期に、王翦と辛勝《しんしょう》が燕を攻撃する。

前２２６（始皇21）（34歳）秦将王翦、燕都の薊《けい》を攻めて太子丹の首を取る。燕王は遼東に逃亡し、そこで太子丹の首を秦に献上したとも言われる。

前２２５（始皇22）（35歳）秦将王賁《おうほん》、魏の大梁《たいりょう》城を3ヶ月水攻めにし、魏王仮《か》を捕虜として魏を滅ぼす。

前２２４（始皇23）（36歳）秦王を支えた昌文君《しょうぶんくん》が母国の楚に帰国後に死去。楚将項燕《こうえん》は秦から帰国した昌平君《しょうへいくん》を立て楚王とする。

秦将李信と蒙恬《もうてん》が20万の兵で楚を攻撃するも敗戦（虎渓山漢簡では李信と蒙武）。

前２２３（始皇24）（37歳）秦将王翦、蒙武《もうぶ》60万の兵で楚を攻撃、楚王負芻《ふすう》を捕虜にし、楚を滅ぼす。昌平君は死去、項燕は自殺。

前２２２（始皇25）（38歳）秦将王賁、燕王喜《き》を捕虜とし、燕を滅ぼす。王賁、代王嘉を捕虜とし、趙も滅亡する。

〈統一事業と巡行〉

前２２１（始皇26）（39歳）秦将王賁、斉王建《けん》を捕らえ、東方六国最後の斉が滅び、天下は統一される。

前220（始皇27）（40歳）『史記』秦始皇本紀には皇帝号を採用し、亡き父荘襄王に泰上皇の追尊号を与え、みずからの諡号の廃止と死後の始皇帝の称号を決め、全国に36郡を設置（統一の目標値か）するなどの統一事業が記される。

前219（始皇28）（41歳）『史記』によれば統一後はじめての巡行に出て、秦の西の故郷の地を訪れる。

前218（始皇29）（42歳）『史記』によればはじめての東方巡行に出る（第二回巡行）。

前216（始皇31）（44歳）始皇帝、東方の地の巡行に出発する（第三回巡行）。途中の博浪沙《はくろうさ》では張良《ちょうりょう》に襲撃され、10日間の捜査が行われたが、捕まらなかった。

始皇帝、夜に武士4人と咸陽周辺の蘭池に出かけ、盗賊に襲われる。

〈新たな戦争と言論統制〉

前215（始皇32）（45歳）始皇帝、『史記』によれば第四回巡行で渤海湾に面した碣石《けっせき》に行く。この途上で始皇帝に近づいた高漸離《こうぜんり》は、筑を投げて始皇帝暗殺を図るも失敗した。

蒙恬将軍、30万の兵で匈奴を攻撃する。

前214（始皇33）（46歳）南方の百越に50万の兵士を送って大規模な戦争を始める。

前２１３（始皇34）（47歳）臨洮から遼東まで万余里の長城を築く。

丞相李斯、諸生が古に学び今をそしることを非難して焚書令を提案する。


前２１２（始皇35）（48歳）阿房宮と酈山（始皇帝陵）の工事を進める。

四百六十余人の諸生を穴埋めにする（坑儒）。


〈帝王の死〉


前２１０（始皇37）（50歳）『史記』によれば最後の第五回巡行に出て、末子胡亥《こがい》、丞相李斯、中車府令趙高《ちょうこう》が同行する。巡行の途中、平原津《へいげんしん》で病になる。長子扶蘇《ふそ》と蒙恬将軍に遺詔を作り、二人に咸陽での葬儀を主宰することを言い残す。

7月丙寅（8月丙寅21日か）始皇帝死去。『史記』によれば封印された遺詔は趙高らに破棄され、胡亥を太子とし扶蘇と蒙恬に死罪を下す偽詔を作成する。遺体は轀輬車で咸陽まで運ばれ、喪を発表する。

9月（この年は9月のあとに後9月があるので後9月か）始皇帝を酈山陵に埋葬する。このとき兵馬俑を制作し始めたか。

胡亥即位する。

扶蘇、蒙恬死去。

前209（二世元）　二世皇帝が始皇帝の遺詔を奉ずることを宣言する。

前208（二世2）　陳勝の周章《しゅうしょう》軍、酈山陵建設地に入るも、刑徒に応戦させる。12月陳勝の張楚政権は崩壊。
趙高、李斯の裁判を始め、謀反の罪に問う。李斯獄中より上書して七罪を訴える。
丞相馮去疾《ふうきょしつ》、将軍馮劫《ふうきょう》自殺。

前207（二世3）　李斯は冬に腰斬の極刑に処せられ、趙高は丞相となる。趙高は二世皇帝を望夷宮《ぼういきゅう》で自殺させる。即位した秦王子嬰は趙高を刺殺する。
『趙正書』では項羽《こうう》に降った章邯《しょうかん》が趙高を殺したとある。

前206（漢元）　10月秦王子嬰《しえい》、沛公劉邦《りゅうほう》に降る。12月沛公劉邦と上将軍項羽、鴻《こう》門《もん》の会を開く。項羽、子嬰を殺し、宮殿を焼く。沛公劉邦と項羽の5年間の楚漢戦争が始まる。

鶴間和幸 つるま・かずゆき
学習院大学名誉教授（中国古代史）。1950年生まれ。東京教育大学文学部卒業後、東京大学大学院人文科学研究科博士課程単位取得満期退学。博士（文学）。専門は、始皇帝をはじめとする秦漢史。『人間・始皇帝』（岩波新書）、『始皇帝の愛読書』（山川出版社）など著書多数。映画『キングダム』の中国史監修や、兵馬俑展の監修なども務める。

朝日新書
962

始皇帝《しこうてい》の戦争《せんそう》と将軍《しょうぐん》たち
秦の中華統一を支えた近臣集団

2024年7月30日第1刷発行
2024年10月20日第5刷発行

著　者　鶴間和幸

発行者　宇都宮健太朗
カバーデザイン　アンスガー・フォルマー　田嶋佳子
印刷所　TOPPANクロレ株式会社
発行所　朝日新聞出版
〒104-8011　東京都中央区築地5-3-2
電話　03-5541-8832（編集）
　　　03-5540-7793（販売）

Published in Japan by Asahi Shimbun Publications Inc.
ISBN 978-4-02-295268-4
定価はカバーに表示してあります。

落丁・乱丁の場合は弊社業務部(電話03-5540-7800)へご連絡ください。
送料弊社負担にてお取り替えいたします。

朝日新書

成熟の喪失
庵野秀明と〝父〟の崩壊

佐々木　敦

ひとは何かを失わなければ成熟した大人になれないのか？　江藤淳が戦後日本の自画像として設定した「成熟」と「喪失」の問題系について、庵野秀明の映像作品を読み解きながら、「成熟」による父性の獲得が普遍的な問いにないことを明らかにする、日本人の成熟観を刷新する批評的実践。

始皇帝の戦争と将軍たち
秦の中華統一を支えた近臣集団

鶴間和幸

秦が中華統一を成し遂げた理由は、始皇帝（嬴政）の人間力と、特異な登用方法にあった！　李信・王翦・桓齮など、漫画『キングダム』に登場する将軍も解説。「兵馬俑展」や映画「キングダム」の監修も務めた始皇帝研究の第一人者が、『史記』や近年出土の史料をもとに解説。

賃金とは何か
職務給の蹉跌と所属給の呪縛

濱口桂一郎

なぜ日本の賃金は上がらないのか――。日本の賃金制度の「決め方」「上げ方」「支え方」の仕組みを、歴史の変遷から丁寧に紐解いて分析し、徹底検証。近年の大きな政策課題となっている問題について、今後の議論のための基礎知識を詰め込んだ必携の書。